Chiara Ferri Luca Mattei

BRAVI a leggere

Percorsi di competenza lettura

a cura di Lucio Magugliani e Lidia Vacchi

3

A. MONDADORI SCUOLA

www.mondadorieducation.it

Prima edizione: febbraio 2013

Edizioni

15 14 13 12 11 10 9 8

2024 2023 2022 2021 2020

Questo volume è stampato da:
Centro Poligrafico Milano S.p.A. - Casarile (MI)
Stampato in Italia - Printed in Italy

Redazione	Ines Galanti
Progetto grafico	Nicolò Quirico
Impaginazione	Federica Giovannini
Copertina	Alfredo La Posta
Disegni	Francesca Cosanti

Contenuti digitali

Progettazione	Fabio Ferri, Lilia Cavaleri
Redazione	Federica Alloggio, Sara Massa
Realizzazione	Elisa Califano; Eicon, Torino

Per informazioni e segnalazioni:
Servizio Clienti Mondadori Education
e-mail *servizioclienti.edu@mondadorieducation.it*
numero verde **800 123 931**

INDICE

Competenze

• Richiamare il significato di parole note • Dedurre il significato di una parola dal contesto • Spiegare termini di linguaggi specifici • Individuare informazioni esplicite date col linguaggio verbale • Attribuire all'elemento corretto informazioni espresse • Inferire informazioni implicite sulla base della propria "enciclopedia personale" • Comprendere il significato figurato di parole ed espressioni • Riconoscere il riferimento di aggettivi, pronomi e di altre forme di rimandi testuali • Cogliere il tipo di legame che intercorre tra frasi o porzioni di testo • Individuare la funzione dei segni di punteggiatura

III Percorso Ricostruire il significato globale di un testo

IV Percorso Interpretare e valutare un testo

Contenuti multimediali per lo studente

Prove Invalsi con lettura dei brani e test interattivi

CAPIRE IL LESSICO E LE INFORMAZIONI ESPLICITE DEL TESTO

I TAPPA La competenza lessicale: capire le parole

Competenze
- Richiamare il significato di parole note
- Dedurre il significato di una parola dal contesto
- Cogliere il rapporto di significato tra parole
- Spiegare termini di linguaggi specifici

Stefano Benni, autore del racconto *Priscilla Mapple e il delitto della II C*, è uno scrittore dotato di un umorismo sottile e utilizza un linguaggio vivace e originale.
In questo brano Priscilla descrive con distaccata ironia i suoi compagni di classe: osservare le caratteristiche dei vocaboli usati fa apprezzare maggiormente la personalità della protagonista, originale e anticonformista.

PRISCILLA MAPPLE E IL DELITTO DELLA II C

Vi è mai capitato di sentirvi vecchi mille anni, avendo già visto e vissuto tutto ciò che è possibile su questa terra, e immaginare tutti uguali in fila i giorni che verranno, copie sbiadite di un unico giorno consumato e logoro?
Vi è capitato? Be', certo non pretendo di essere la sola.
Ma io ho dodici anni. Non è un po' presto?
Così pensava Priscilla Mapple all'ultima ora nel banco penultimo della classe seconda C, mentre il professore cercava invano di riscaldare l'uditorio con il racconto della costruzione delle piramidi egizie.
Tanta fatica, pensò Priscilla, per lasciare un segno. Bastava che mettessero delle grandi pietre alla rinfusa e ci avremmo pensato noi posteri a sostenere che erano le rovine di un tempio colossale, mirabile prodigio di architettura ahimé perduto.
Noi posteri! Priscilla guardò la sua classe sconsolata. Nessuno lì dentro avrebbe sfidato i secoli, a malapena qualcuno avrebbe lasciato traccia di sé in un Rotary [club per persone facoltose].
Era una classe della scuola più esclusiva della città. [...]

Le gemelle Secchia annuivano in sincronia dal primo banco. Annuivano sempre: qualsiasi cosa l'insegnante dicesse, anche «che caldo oggi», «che sceme che siete», loro erano d'accordo.
Nel banco dietro alle gemelle, stremate da due ore di pettegolezzi e due di tema, si poteva ammirare un'altra coppia di fanciulle, occasionalmente silenziose. A sinistra Lavinia, detta Tacchinella per la gradevolezza della sua voce, non geniale in materie umanistiche, ma grande intenditrice di jeans e scarpe. A destra Boba, biondastra e abbronzata, campionessa di tennis, di nome intero Roberta Torroni del Malcello, la quale a dodici anni aveva già al suo attivo diverse plastiche al naso.
Nel banco dietro, florida e solitaria Priscilla Mapple, genio perverso, temutissima dagli insegnanti, otto in tutte le materie ma purtroppo senza fatica alcuna, grande lettrice di gialli e dotata di quell'intelligenza naturale e ironica che fa imbestialire i professori specie se uomini.
Dietro di lei Maria Cristina, detta impietosamente Crostina per i brufoli, alta e seria, destinata a un futuro di magistrato. Al suo fianco Rosabella, tredici anni di sex-appeal, minigonne di cuoio e calzini fumé, uno stuolo di pretendenti dai dodici ai venti anni.
Nella fila destra, l'onor virile. In prima fila Saverio detto Ciccio, detto Ridimmelo, perché non capiva mai la prima volta, innamorato delle belle forme di Priscilla.
Nel secondo banco Giorgino figurino, elegante in completo di camoscetto, fidanzato di Lavinia, ma si dice la tradisca con una quattordicenne di Firenze ramo boutique. Al suo fianco Ettorino Assianatis, assai biondo e ricco e cattolico, famoso per le sue cartelle di cuoio da mezzo milione.
Nel banco dietro, Leopoldo Lollis, primo della classe, esperto del ramo computer e nemico giurato di Priscilla. Al suo fianco René la Ranocchia, lo scolaro più raccomandato d'Europa, occhialuto e triripetente, figlio di industria conserviera.
Dietro a tutti Carletto, detto il Kid. Capitato lì a metà trimestre per chissà quale disguido. Teppista e autostoppista, senza alcuna tradizione né intenzione di studio, bruno col ciuffo, l'unico che a Priscilla piaceva, anche se non tanto da essere un vero rivale delle meringhe.
Tutta qui la seconda C. Assenti e non rimpianti una malata e un vacanziere. Classe noiosa, conformista e consona [adeguata] ai tempi, pensò Priscilla. Tirò fuori da sotto il banco il suo album e si mise a disegnare.
«Cosa fa la signorina?» disse subito il prof «non si degna di seguire?»
«Disegnavo» disse Priscilla.
«Ah sì? E cosa?»
«Dinosauri.»
«Dinosauri?»
«Per la precisione uno stegosauro.»
«E posso chiederle perché?»
«Lei sta parlando di antichità e mi sono venuti in mente loro.»
«Tu sai, Priscilla,» intonò il prof «che quando c'erano i dinosauri l'uomo non c'era?»
Ecco che comincia. E allora? Vivevano benissimo lo stesso, i dinosauri. Mangiavano spinaci, erbette o quello che c'era e non dovevano alzarsi alle sette la mattina per

sentirsi spiegare la preistoria. La imparavano da soli.
«E chi di voi sa perché si estinsero i dinosauri?» chiese il prof con sguardo panoramico.
«Erano troppo grossi?» disse il Ciccio temendo per la sua sorte.
«Anche. Ma non solo. Priscilla, lo sai perché?»
«Perché non c'era il WWF? »
«Sempre spiritosa... Dimmelo tu, Lollis.»
Figuriamoci. Si è acceso il juke-box. Dunque professore come lei saprà ci sono diverse teorie, la più recente sostiene che un grosso corpo celeste, entrando in contatto con la nostra atmosfera...
Priscilla lasciò andare il capino sul banco. All'ultima ora i minuti sembrano ere geologiche. Mancano quattro giurassici e un cretaceo alla fine. Dio, manda un corpo celeste ed estingui i profosauri. Due ore di matematica due ore di tema e adesso Lollis che ci riassume la Creazione. Nessuno uscirà vivo da qui.
Campanella!
O suono stupendo! Gargarismo d'angelo! O corpo celeste! Liberi!
La mandria premeva già verso la porta.
«Oggi queste cinque ore loffie proprio non passavano mai» disse Lavinia.
«Proprio da sclero» trillò Rosabella «ancora un po' morivo dalla noia, vero Priscillona?»
«Non più noioso di ieri» sospirò Priscilla con sguardo sconsolato all'aula. Così vide il Kid che non si era ancora alzato dal banco. Teneva la testa appoggiata al muro, coi soliti occhiali neri. Come sempre addormentato. Priscilla lo scrollò per un braccio.
«Ehi Kid» disse Priscilla «scampato pericolo, è finita. Puoi svegliarti ora... Kid.»
La testa del Kid precipitò sul banco con un rumore sordo. All'angolo della bocca colava un filo di saliva nera. Il Kid era morto.

(Stefano Benni, *Il bar sotto il mare*, Feltrinelli)

1 Nella frase *il professore cercava invano di riscaldare l'uditorio,* quale tra i seguenti significati del verbo *riscaldare* è utilizzato?

- ❑ Somministrare calore
- ❑ Eccitare, infiammare
- ❑ Aumentare di temperatura
- ❑ Scaldare un'altra volta

2 *Alla rinfusa* significa:

- ❑ senza ordine
- ❑ una sull'altra
- ❑ distanti tra loro
- ❑ in file ordinate

I PERCORSO

3 *Noi posteri!* Quale tra i seguenti termini è un sinonimo di *posteri*?

- ❑ Antenati
- ❑ Discendenti
- ❑ Contemporanei
- ❑ Avi

4 La compagna Boba è definita *biondastra e abbronzata.* Quale sfumatura di significato dà l'alterazione dell'aggettivo *bionda*?

- ❑ Molto bionda
- ❑ Biondo chiaro
- ❑ Biondo tinto
- ❑ Tendente al biondo

5 La compagna Maria Cristina è *destinata a un futuro di magistrato*. Quale di questi nomi non appartiene allo stesso campo semantico della parola *magistrato*?

- ❑ Processo
- ❑ Prigione
- ❑ Giuria
- ❑ Avvocato

6 Nella frase *nella fila destra l'onor virile* la parola *virile* significa:

....

7 Nel descrivere il compagno al secondo banco, Priscilla utilizza ben tre diminutivi in poche righe. Sottolineali nel testo e spiega qual è, secondo te, il motivo di questa scelta da parte dell'autore.

....

....

....

....

....

8 Nella frase *ma si dice la tradisca con una quattordicenne di Firenze ramo boutique* in quale tra i seguenti significati è usato il termine *ramo*?

- ❑ Parte di una pianta che si dirama dal tronco
- ❑ Elemento secondario che si diparte da un corpo principale
- ❑ Settore di una attività o di una disciplina
- ❑ Linea di discendenza in genealogia

9 L'autore utilizza in modo inconsueto prefissi e parole composte, come *triripetente* e *profosauri.*

- ❑ Che cosa significa *triripetente*? ....
- ❑ Da quali nomi è composta la parola *profosauri*? ....
- ❑ Perché Priscilla la usa? ....

10 Che significato ha la parola *mandria* nel contesto della frase *la mandria premeva già verso la porta*?

....

....

Per quale motivo Priscilla, cioè in realtà l'autore Benni, usa proprio questo termine?

....

....

11 *Queste cinque ore loffie proprio non passavano mai / Proprio da sclero*.

In queste frasi, pronunciate dalle compagne di classe di Priscilla, ci sono due parole tipiche del gergo giovanile in voga tra gli adolescenti negli anni ottanta, quando il racconto è stato scritto.

- ❑ Quali? .... e ....
- ❑ Che cosa significano?

a. ....

....

b. ....

....

12 Nella frase *La testa del Kid precipitò sul banco con un rumore sordo* quale tra i significati dell'aggettivo sordo è utilizzato?

- ❑ Che non sente
- ❑ Privo di interesse
- ❑ Smorzato, non acuto
- ❑ Nascosto ma tenace

CHE COSA HO IMPARATO

In questo racconto Stefano Benni ha scelto di descrivere una situazione con gli occhi di una adolescente intelligente e disincantata. Ha perciò utilizzato un linguaggio adatto al personaggio; se avesse usato una lingua più formale, più "adulta" non avrebbe raggiunto lo stesso risultato. L'attenzione alla scelta dei vocaboli da parte di un autore è un elemento importante per il lettore di un testo.

II TAPPA La comprensione locale: cogliere singole informazioni

Competenze
- Individuare informazioni esplicite date col linguaggio verbale
- Individuare informazioni esplicite fornite con linguaggi non verbali
- Attribuire all'elemento corretto informazioni espresse

Le informazioni fornite da un libro scolastico sono ricavabili certamente dal testo scritto, ma concorrono alla presentazione di un argomento anche immagini, schemi, grafici con relative didascalie e legende.
In questa pagina tratta da un libro di scienze, le cognizioni legate all'aumento di gas nell'atmosfera puoi ricavarle da più linguaggi intrecciati fra loro, che evidenziano in maniera differente le stesse informazioni o che ne aggiungono altre.

LE ALTERAZIONI DELL'ATMOSFERA

Che cosa succede all'atmosfera?

Dalla Rivoluzione industriale e soprattutto negli ultimi 100 anni, il ritmo di crescita della popolazione mondiale, della produzione industriale e dei consumi, si è ingigantito. Più di recente la crescente presenza di Paesi emergenti nell'economia mondiale, ha aumentato di ben 10 volte la **domanda di energia**. Poiché l'energia per le attività umane è ricavata dal petrolio e da altri combustibili fossili, non solo stiamo esaurendo queste **riserve di energia** non rinnovabile, ma creiamo anche **inquinamento** sulle città, e liberiamo nell'atmosfera enormi quantità di anidride carbonica e di altri **gas nocivi** (1) che modificano la composizione dell'atmosfera.

Quali gas alterano la composizione dell'atmosfera?

Negli ultimi 100 anni, la concentrazione **dell'anidride carbonica** (2) nell'atmosfera, calcolata come molecole di CO_2 presenti su un milione di molecole di aria, è aumentata del 30% circa, passando da 292 ppm (parti per milione) a 380 ppm, un cambiamento molto rapido rispetto a quello precedente che è avvenuto in milioni di anni. L'anidride carbonica è la principale responsabile **dell'aumento della temperatura** determinato dall'**effetto serra artificiale** (3), per cui il calore solare è trattenuto sulla Terra in misura maggiore del normale. L'aumento di temperatura media è stato di circa 0,6 °C ma, in pochi decenni, potrebbe arrivare a 3 - 5 °C, portando a cambiamenti del clima.
Oltre all'anidride carbonica, anche altri gas come il **metano** (4) (CH_4) e **l'ossido di diazoto** (N_2O), contribuiscono a modificare l'atmosfera. La necessità di sfamare miliardi di persone ha portato a un'intensificazione delle coltivazioni e degli allevamenti, aumentando le emissioni di metano, prodotto della digestione di alcuni animali da allevamento, e di ossido di azoto in seguito all'utilizzo di concimi nei terreni destinati all'agricoltura.

Un altro cambiamento, rilevato nell'atmosfera nel 1985, è la **riduzione dello strato di ozono** nella stratosfera, cioè quella barriera protettiva che ha favorito la comparsa e il mantenimento della vita sulla Terra, grazie alla sua funzione di filtro nei confronti delle radiazioni ultraviolette del Sole. **L'assottigliamento** di questa barriera causa il cosiddetto **buco nell'ozono,** che rende potenzialmente più pericolosa l'esposizione al Sole, specialmente in certi orari e senza protezioni solari, provocando danni alla pelle.

1- I gas nocivi
Le attività umane, con le fabbriche, lo smog e l'emissione di gas inquinanti, immettono nell'atmosfera enormi quantitativi di gas: anidride carbonica (CO_2), ossido di azoto (N_2O), metano (CH_4) e ozono (O_3). L'effetto della loro elevata concentrazione è il surriscaldamento del pianeta: questi gas, infatti, imprigionano il calore che, per l'effetto serra, l'atmosfera non riesce a disperdere. Per questa ragione, sono detti gas serra.

2- L'anidride carbonica
Attraverso l'esame di campioni di ghiaccio dell'Antartide, è stato possibile misurare l'aumento della CO_2. Questi studi indicano che la crescita di questo gas, calcolata in ppm (parti per milione), è stata vertiginosa, particolarmente negli ultimi decenni del secolo scorso.

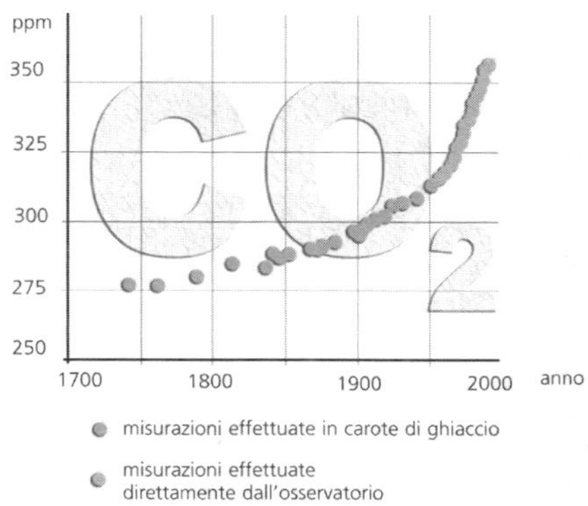

3- L'effetto serra artificiale
L'effetto serra artificiale si traduce in un eccesso di energia che resta intrappolato nell'atmosfera, per aumento delle combustioni, ma anche per processi di deforestazione, agricoltura intensiva ed eccessivo sfruttamento del suolo.

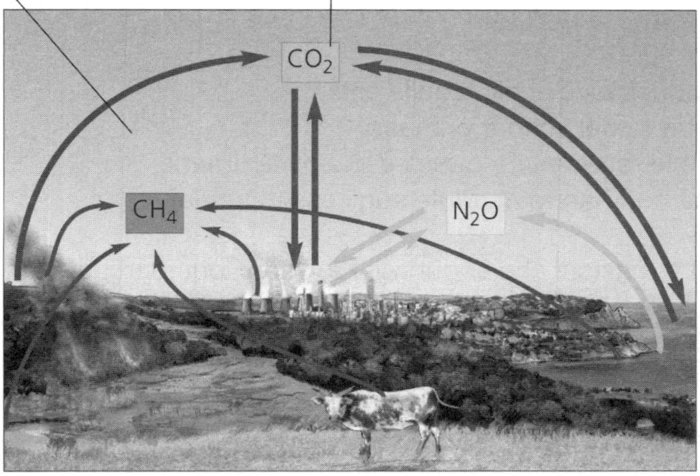

4- Il metano
Negli ultimi 200 anni, la concentrazione di metano nell'atmosfera è passata da 715 a 1774 ppm, a causa dell'aumento degli allevamenti (le mucche possono produrre fino a 500 litri di metano al giorno) e della decomposizione di rifiuti solidi urbani nelle discariche.

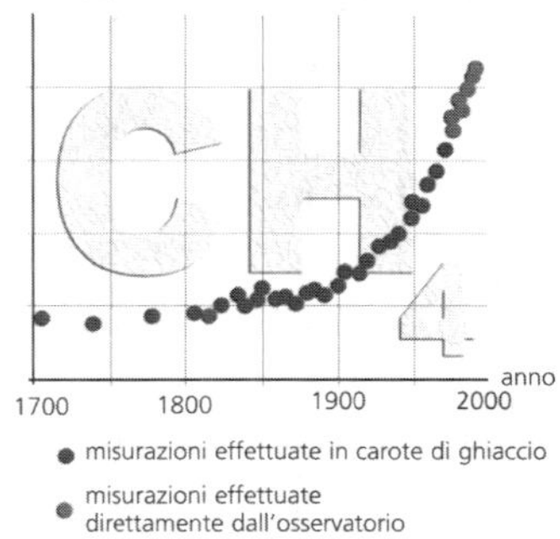

(G. Brizzi-G. Pastorini-E. Busà, *Con gli occhi della Scienza*, Le Monnier Scuola)

1 Quali gas sono definiti "gas serra"?

1. ....
2. ....
3. ....
4. ....

2 Rispondi alle domande e completa la tabella, scrivendo per ciascuna dove hai trovato la risposta (ad es. nel testo scritto, nella legenda, nell'immagine, nel grafico...).

	DOMANDA	RISPOSTA	FONTE DELLA RISPOSTA
a.	Che cosa significa CO_2?		
b.	Da quale anno sono aumentate fortemente le emissioni di CO_2 nell'atmosfera?		
c.	Che cosa significa CH_4?		
d.	Da quale anno sono aumentate fortemente le emissioni di CH_4 nell'atmosfera?		
e.	Le misurazioni di CO_2 e di CH_4 sono sempre state effettuate con lo stesso metodo?		
f.	Che cosa significa O_3?		
g.	Da quale anno l'O_3 si è ridotto fortemente nella stratosfera?		

3 Osservando l'immagine nelle sue diverse parti si può notare che i gas dispersi nell'atmosfera:

- ❑ sono dovuti soltanto alle attività industriali e ai rifiuti delle città
- ❑ sono dovuti principalmente alle attività del settore primario
- ❑ sono molteplici e sono complesse le relazioni tra questi e le attività umane
- ❑ ne cambiano la composizione, ma non hanno ricadute sugli esseri umani

4 Scrivi a quale gas si riferiscono le affermazioni che seguono. Fa' attenzione perché un gas può essere scritto più di una volta.

- ❑ È necessario per conservare la vita sulla Terra ....
- ❑ Le mucche ne possono produrre fino a 500 litri al giorno ....
- ❑ È la causa principale dell'effetto serra ....
- ❑ Nell'atmosfera è aumentato del 30% nell'ultimo secolo ....
- ❑ La sua produzione proviene dall'allevamento e dai rifiuti ....

CHE COSA HO IMPARATO

Per un uso intelligente dei libri di scuola è necessario saper "leggere" tutti i linguaggi in esso contenuti (verbali, non verbali e misti). Le informazioni possono perciò essere ottenute in molti modi, avendo sempre attenzione a ricavarle in maniera corretta.

II TAPPA La comprensione locale: cogliere singole informazioni

Competenze
- Individuare informazioni esplicite date col linguaggio verbale
- Attribuire all'elemento corretto informazioni espresse
- Riconoscere i vari tipi di frasi indipendenti

Conoscere in maniera non superficiale o per sentito dire storie personali diverse dalla nostra, soprattutto se legate ad avvenimenti a volte dolorosi, non sempre è facile. Da qui la necessità di essere informati, sapendo individuare gli elementi che ci possono aiutare a capire i comportamenti, gli stati d'animo e i dubbi che rendono tali persone più vicine a noi.

IO, VENDITORE DI ELEFANTI

Vengo dal Senegal. Ho fatto il venditore e vi racconterò che cosa mi è successo. È un mestiere difficile, per gente che ha costanza e una gran forza d'animo, perché bisogna usare le gambe e insistere, insistere anche se tutte le porte ti vengono sbattute in faccia.

Io non so quali siano le virtù principali di un buon venditore. Noi del Senegal ne possediamo tante. Nelle nostre disgrazie di emigranti siamo stati miracolati, come molti altri ragazzi del Maghreb o della Costa d'Avorio o del Mali o del Ghana o di qualsiasi altro paese al mondo che abbia allevato venditori e li abbia mandati in giro tra i bianchi a vendere famiglie di elefanti, zanne d'elefante intarsiate di finto avorio, maschere d'ebano, bracciali d'argento, orecchini d'argento, anelli d'argento, denti di drago, cinture di cuoio, fermacarte di pietra e soprattutto fruste, quelle fruste lunghissime che usano i nostri contadini. Chissà come sono oggi i nostri contadini, persi, dimenticati... Quante cose mi ballano in testa, che non interessano i bianchi.

Un mestiere difficile quello del venditore. Faticoso, triste, pieno di umiliazioni. Si girava fino a notte e poi ci si doveva alzare presto per ricominciare da capo il commercio e scoprire piazze nuove. Ricordo che entrare in un bar mi spaventava. Tentavo di nascondermi, pieno di vergogna. Me ne stavo dietro le spalle di un amico e saltavo fuori all'ultimo momento con la mia merce. Sul tavolino del bar c'erano i suoi elefanti e le sue collane. Io mi intrufolavo e allungavo la mano con gli elefantini, sperando che il compratore scegliesse i miei. Anche questo è vendere. Vendere per noi è obbligatorio.

C'erano i giorni in cui mi faceva più schifo del solito entrare in un locale, rompere le scatole a qualcuno che se ne stava tranquillo a bere, mangiare, fumare e non mostrava nessuna curiosità per i miei elefanti. Ma la nausea che provavo la dovevo ricacciare dentro. [...]
Come ci si sente da clandestini? Male. Oltretutto si entra in concorrenza con chi sta male quanto noi. Un immigrato deve subire, tacere e subire, perché non ha diritti. Deve reprimere dentro di sé ogni reazione, svuotarsi di ogni personalità. Subire con la consapevolezza che questa è l'unica possibilità. Mettiamo il caso che io mi trovi davanti a un poliziotto. La prima regola è dire sempre: «Sì, capo. Hai ragione, capo. Scusa, capo». La seconda regola è abbassare gli occhi. È il segno che il clandestino è pieno di rispetto davanti alla divisa. Ha capito bene chi comanda. Non sta scritto in nessun posto, ma sono regole da imparare a memoria. Se il poliziotto cresce, si allunga, si gonfia, forse ce l'hai fatta. Hai guadagnato la sua benevolenza, ti lascerà andare. Ho fatto il venditore per anni, poi ho preferito smettere. Ma ci sono ragazzi che hanno sempre e solo venduto. E hanno cominciato a farlo in Africa, fin da bambini, come i loro nonni e i loro genitori: era il mestiere che si ereditava in famiglia. Io invece sono stato il primo della mia famiglia a vendere. Ho imparato in Costa d'Avorio, ad Abidjan. Vendevo l'avorio ai turisti italiani e francesi.
Dal Senegal alla Costa d'Avorio, poi in Italia. Dall'Italia sono andato in Francia, mirando alla Germania, ma alla frontiera mi hanno respinto, perché non avevo soldi a sufficienza. Sono tornato in Francia, ma lì proprio non volevo vivere. Avevo sempre paura, non so neppure di che cosa ma avevo sempre paura. Forse la situazione non era così drammatica, forse erano solo pericoli immaginari, perché per tutto il tempo in cui sono rimasto in Francia non ho mai avuto problemi con la polizia. Però mi aspettavo sempre il peggio, anche se non mi hanno mai chiesto neppure una volta i documenti. I problemi li avevo per via dei soldi e magari per colpa dei senegalesi, poco ospitali. Sono rientrato in Italia e ho ripreso a vendere, finché sono riuscito a trovarmi un altro lavoro.
Vendere mi dava paura e angoscia, perché ero dovuto scappare una infinità di volte davanti ai vigili, perché mi avevano sequestrato la merce, perché ero finito in prigione, perché tanti mi guardavano male quando non mi insultavano se esponevo i miei elefantini e le mie collane davanti al loro negozio.

(Pap Khouma, *Io, venditore di elefanti*, Garzanti)

1 Individua nel testo le risposte alle domande che riguardano la vita di Pap Khouma.

a.	Quale *mestiere* ha svolto quando è arrivato in italia?	
b.	Con quali tre aggettivi definisce questo mestiere?	
c.	Che cosa lo *spaventava*?	
d.	Che cosa gli *faceva schifo*?	
e.	In quale paese europeo è stato prima di ritornare Italia?	
f.	Ha sempre svolto questo lavoro?	

2 Lo scrittore afferma che l'atteggiamento migliore di un immigrato clandestino di fronte a un poliziotto è:

- ❑ spiegare perché si trova in quella situazione e seguire i suoi ordini
- ❑ scusarsi, dargli ragione e non guardarlo negli occhi
- ❑ consegnargli la merce e accettare le sue decisioni senza protestare
- ❑ reprimere ogni reazione per poter affermare poi i suoi diritti

3 Elenca i quattro motivi portati dallo scrittore per spiegare come mai *vendere* gli dava *paura* e *angoscia*.

a. ....

b. ....

c. ....

d. ....

4 Sottolinea nella seconda parte del brano le frasi riportate a sinistra poi, aiutandoti con la lettura del contesto, collega ciascuna di esse con una delle tre frasi della colonna di destra.

Forse la situazione non era così drammatica	questa frase esprime un dubbio, un'incertezza
Mettiamo il caso	questa frase esprime una domanda in forma diretta
forse erano solo pericoli immaginari	questa frase esprime un fatto considerato possibile
Come ci si sente da clandestini?	

5 *Se il poliziotto cresce, si allunga, si gonfia, forse ce l'hai fatta*. Le ultime parole *forse ce l'hai fatta* vogliono indicare:

- ❑ un desiderio e una certezza
- ❑ un desiderio e un'illusione
- ❑ un dubbio e una certezza
- ❑ un dubbio e una speranza

CHE COSA HO IMPARATO

Attraverso lo svolgimento degli esercizi hai avuto la possibilità di rileggere il testo, individuandone in particolare alcuni passi e approfondendo in questo modo la conoscenza della vita di un immigrato clandestino, i sentimenti che prova nei confronti di quanto deve fare per sopravvivere e i comportamenti che ha imparato essergli più utili. In tutto questo ti è stata d'aiuto anche l'individuazione di alcune informazioni su di lui e la riflessione sulla funzione svolta da alcune frasi, che ci permettono di capire meglio dubbi e incertezze che lo accompagnano.

INDIVIDUARE CONNESSIONI E INFORMAZIONI IMPLICITE

III TAPPA Le inferenze: dedurre ciò che il testo non dice

Competenze
- Inferire informazioni implicite ricavandole da altre informazioni date nel testo
- Inferire informazioni implicite sulla base della propria "enciclopedia personale"
- Comprendere il significato figurato di parole ed espressioni

Il brano che segue è tratto dal libro *Vestivamo alla marinara* di Susanna Agnelli nel quale l'autrice, appartenente alla famiglia fondatrice della FIAT, descrive la sua infanzia a Torino, nella prima metà del secolo scorso.

VESTIVAMO ALLA MARINARA

Arrivava Miss Parker. Quando ci aveva radunati tutti: – *Let's go* – diceva – e non fate rumore –. Correvamo a pazza velocità lungo il corridoio, attraverso l'entrata di marmo, giravamo l'angolo appoggiandoci alla colonnina dello scalone e via fino alla saletta da pranzo dove ci fermavamo ansimanti. – Vi ho detto di non correre, – diceva Miss Parker – *one day* vi farete male e la colpa sarà soltanto vostra. A chi direte grazie?
Ci davano da mangiare sempre quello che più odiavamo; credo che facesse parte della nostra educazione britannica. Dovevamo finire tutto quello che ci veniva messo sul piatto. Il mio incubo erano le rape e la carne, nella quale apparivano piccoli nervi bianchi ed elastici. Se uno non finiva tutto quello che aveva nel piatto se lo ritrovava davanti al pasto seguente.

[...]

Dopo colazione facevamo lunghe passeggiate. Attraversavamo la città fino a piazza d'Armi, dove i soldati facevano le esercitazioni. Soltanto se pioveva ci era permesso camminare sotto i portici (i famosi portici di Torino) e guardare le vetrine dei negozi. Guardarle senza fermarsi, naturalmente, perché una passeggiata è una passeggiata e non un trascinarsi in giro che non fa bene alla salute.
Torino era, anche allora, una città nota per le sue pasticcerie. Nella luce artificiale delle vetrine apparivano torte arabescate, paste piene di crema, cioccolatini, marzapani, montagne di brioches, fondants colorati disposti in tondo sui piatti come fiori, ma noi non ci saremmo mai sognati di poter entrare in un negozio a comprare quelle tentatrici delizie. "Non si mangia tra i pasti; *it ruins your appetite*" era una regola ferrea che mai ci sarebbe venuto in mente di discutere.

Così camminavamo dalle due alle quattro, paltò alla marinara e berrettino tondo alla marinara con il nome di una nave di Sua Maestà Britannica scritta sul nastro, Miss Parker in mezzo a due di noi da una parte e uno o due di noi dall'altra finché non era l'ora di tornare a casa.
Guardavamo con invidia i bambini a cui era permesso giocare sui viali di corso Duca di Genova o ai giardini pubblici. [...] I bebè stavano seduti in carrozzina, i bambini più grandi giocavano tra di loro, avevano il cerchio, le biglie, il monopattino; avevano amici, bisticciavano, parlavano, saltellavano, gridavano. Noi camminavamo. [...]
Alle quattro tornavamo a casa, facevamo i compiti, giocavamo. Mentre aiutavo Gianni a sistemare la locomotiva a vapore o il treno elettrico mi veniva il terrore del buio e della notte che si avvicinava. Vedevamo i nostri genitori finito il nostro pranzo, mentre si preparavano per il loro. Qualche volta, se non avevano troppi invitati, sedevamo con loro in biblioteca finché il pranzo non era servito. E qualche volta ci veniva perfino permesso di sedere intorno alla tavola. Ma siccome giocavamo con la cera delle candele e diventavamo noiosi ci mandavano subito via.
Di ritorno in camera da gioco Miss Parker ci leggeva ad alta voce un racconto, o facevamo un gioco, finché: – *Time for bed now* – diceva Miss Parker – lavatevi i denti e verrò tra dieci minuti a darvi la buona notte; ricordatevi di piegare i vestiti e di dire le preghiere –. Mi inginocchiavo in camera da letto e pregavo disperatamente. Baciavo il Crocifisso e la Madonna accanto al mio letto e chiedevo soltanto di non avere troppa paura e di poter dormire senza svegliarmi durante la notte.
Entravo nel letto. Avevamo una camera per uno, e quando Miss Parker entrava le buttavo le braccia intorno al collo, la stringevo e la supplicavo di lasciare la mia porta aperta "soltanto un pochettino", così che potessi vedere la luce. – No, no, – rispondeva calma – devi imparare a dormire al buio, è *silly* avere paura.
Quando se ne andava, per un po' vedevo la luce della camera da gioco spuntare dallo spacco al fondo della porta. Poi quando la luce si spegneva ero agghiacciata all'idea di essere al buio. Mi alzavo, entravo nelle camere dei miei fratelli e li guardavo dormire; era come se non ci fossero perché non ci potevamo parlare e non

mi vedevano; era come se io fossi morta; e avevo ancora più paura. Tornavo a letto e facevo pipì per avere una sensazione di calore e di vita. Qualche volta gridavo. Nessuno mi sentiva, o, se mi udivano, facevano finta di non sentirmi.
Quando mi svegliavo al mattino mi importava soltanto che fosse giorno e che la gente intorno fosse viva.
Durante il giorno dimenticavo.

(Susanna Agnelli, *Vestivamo alla marinara*, Mondadori)

1 Anche se nell'introduzione del brano non fossi stato informato che si sta descrivendo la vita della famiglia degli industriali Agnelli, non ti sarebbe difficile intuire che si tratta di una famiglia ricca.
Sottolinea in rosso nel testo le frasi che ti forniscono questa informazione.

2 Susanna e i suoi fratelli sono ricchi, ma certamente non sono viziati!
Sottolinea in blu nel testo le frasi che ti fanno comprendere che l'educazione dei bambini della famiglia Agnelli era un'educazione severa.

3 Un personaggio importante in questo brano è Miss Parker.
– Qual è il suo ruolo? ....
– Da quale Paese proviene? ....
– Quali sono gli indizi riguardanti la sua nazionalità che trovi nel testo? ....
....

4 Che cosa puoi ricavare dal brano circa il rapporto di Susanna e dei suoi fratelli con i genitori?
....
....
....
....

5 L'autrice scrive *era come se io fossi morta*. Che cosa vuol dire con questa analogia?
....
....

CHE COSA HO IMPARATO

Molto spesso ciò che un testo non dice (ma lascia intuire) è importante come quello che dice, se non, a volte, di più.
Allenarsi a comprendere le informazioni implicite significa ampliare le proprie capacità di lettura, ricostruendo sensazioni, sentimenti, atmosfere che lo scritto ci fa solamente intravvedere.

III TAPPA Le inferenze: dedurre ciò che il testo non dice

Competenze

- Inferire informazioni implicite ricavandole da altre informazioni date nel testo
- Comprendere il significato figurato di parole ed espressioni
- Individuare e discriminare emittenti e riceventi non espressi in modo esplicito

Il poeta Giovanni Pascoli, di cui probabilmente conosci altre composizioni, attraverso la descrizione della natura si riferisce sempre a momenti della sua vita, come la perdita del padre quando ancora era fanciullo, o di quella di chi lo circonda, come il matrimonio di un amico al quale dedica la poesia che leggerai.
Te la proponiamo perché il testo è ricco di riferimenti impliciti e di figure retoriche che ne valorizzano l'aspetto poetico e dei quali potrai cercare il senso; questo nonostante qualche difficoltà lessicale che qui ti aiutiamo a capire (il *gelsomino notturno* è il fiore bocca di leone, i *viburni* sono fiori bianchi a forma di palla, *crepuscolari* sono le farfalle della sera, la *Chioccetta* indica la costellazione delle Pleiadi).

IL GELSOMINO NOTTURNO

E s'aprono i fiori notturni,
nell'ora che penso a' miei cari.
Sono apparse in mezzo ai viburni
le farfalle crepuscolari.
Da un pezzo si tacquero i gridi:
là sola una casa bisbiglia.
Sotto l'ali dormono i nidi,
come gli occhi sotto le ciglia.
Dai calici aperti si esala
l'odore di fragole rosse.
Splende un lume là nella sala.
Nasce l'erba sopra le fosse.
Un'ape tardiva sussurra
trovando già prese le celle.
La Chioccetta per l'aia azzurra
va col suo pigolìo di stelle.
Per tutta la notte s'esala
l'odore che passa col vento.
Passa il lume su per la scala;
brilla al primo piano: s'è spento...
È l'alba: si chiudono i petali
un poco gualciti; si cova,
dentro l'urna molle e segreta,
non so che felicità nuova.

(Giovanni Pascoli, *Canti di Castelvecchio*, Rizzoli)

1 Il poeta si pone in prima persona rispetto alla descrizione che fa della natura. Ricopia qui il verso da cui lo si capisce.

....

2 La sinestesia è la figura retorica in cui si collegano tra loro due sensi diversi in un'unica immagine. Indica quale, tra i versi riportati, ne contiene una:

- ❑ Da un pezzo si tacquero i gridi (v.5)
- ❑ Splende un lume là nella sala (v.11)
- ❑ va col suo pigolìo di stelle (v.16)
- ❑ brilla al primo piano: s'è spento... (v.20)

Quali sono i due sensi ?

❑ udito e tatto ❑ udito e vista ❑ tatto e vista ❑ vista e olfatto

3 Nel testo è presente un'altra sinestesia nella quale la percezione olfattiva viene associata a quella visiva. Ricopiala qui.

....

4 *Sotto l'ali dormono i nidi* (v.7). La parola *nidi* sta per:

❑ occhi ❑ gridi ❑ uccellini ❑ piccoli fiori

Si tratta di una metonimia, in cui nella scelta della parola usata avviene una sostituzione:

- ❑ tra il contenuto e il contenitore
- ❑ tra la causa e l'effetto
- ❑ tra l'oggetto e la materia di cui è fatto
- ❑ tra la persona e lo strumento usato

5 Nella colonna di sinistra sono riportate alcune espressioni presenti nella poesia. Collega con una freccia ciascuna espressione alla sua definizione nella colonna di destra.

come gli occhi sotto le ciglia	metafora
Un'ape tardiva sussurra	metonimia
La Chioccetta per l'aia azzurra	analogia (paragone)
Passa il lume su per la scala	personificazione

6 In quali versi della poesia, sempre attraverso metafore della natura, Pascoli allude a una nuova vita, come frutto dell'amore dei due sposi ai quali ha dedicato la poesia?

....

....

CHE COSA HO IMPARATO

Per comprendere e apprezzare un testo, soprattutto nell'ambito della poesia, è fondamentale riuscire ad andare oltre la semplice lettura ed entrare nello spirito e nella sensibilità di chi scrive. Il riconoscimento di figure retoriche e del loro significato è una delle condizioni per poter leggere al di là delle righe scritte.
Essere in grado di cogliere indicazioni, a volte implicite, e riconoscere sinestesie, metonimie e altre figure retoriche come la metafora è quindi condizione non soltanto per gustare un testo poetico, ma per poterlo comprendere più a fondo.

IV TAPPA Le connessioni testuali: cogliere le relazioni logico-sintattiche

Competenze
- Riconoscere il riferimento di aggettivi possessivi, pronomi personali e dimostrativi e di altre forme di rimandi testuali
- Cogliere il tipo di legame che intercorre tra frasi o porzioni di testo
- Individuare la funzione dei segni di punteggiatura

Davide Lajolo, scrittore, uomo politico e giornalista descrive la sua infanzia contadina a Vinchio, in Piemonte, all'inizio del XX secolo con un linguaggio semplice ma ricco di riferimenti e rimandi ad altre frasi o parole del testo. Ti chiediamo di porre particolare attenzione a questi collegamenti e al ruolo delle frasi e della punteggiatura.

RICORDI DI UNA INFANZIA CONTADINA

A casa mia si stava come in tutte le altre case del paese. Non mancavano fagioli e ceci per tutta l'annata ma, anche questi, amministrati con parsimonia. Alla domenica, al tempo in cui sono nato, nell'anno millenovecentododici, c'era già la pietanza dopo la minestra: un pezzo di coniglio o di pollo e, alle feste religiose più importanti, persino un pezzo di carne: il bollito.
Ma bastava che cadesse una maledetta grandinata perché per tutta l'annata anche la domenica diventasse un giorno come un altro.
Nella mia casa ero il quarto maschio. Il primo fratello aveva già quindici anni ed era stato mandato in un collegio di preti, dove non si pagava retta. Gli altri due, di sei e undici anni, si rendevano utili nei lavori dei campi. [...]

II PERCORSO

Mio padre si sposò giovanissimo. Mia madre proveniva da una delle poche famiglie quasi benestanti del paese. In casa sua c'era il bollito ogni domenica. Era la figlia del vicesindaco. Attiva, attenta, in casa la faceva da padrona con il benevolo consenso di mio padre. Mia madre era una bella donna. Lo era ancora quando io nacqui. Portava due riccioli che le pendevano ai lati, come naturali orecchini, biondi, leggeri, quasi fossero fatti di fiato. La sua severità – più presente di quella di mio padre – era corretta dalla comprensione, dall'amore, dall'intelligenza. Sapeva farsi temere e amare anche quando la sua voce s'alzava nelle rampogne con noi quattro fratelli, difficili da far convivere e da guidare. La sua mortificazione era quella di saper poco scrivere. Arrivava a fare la sua firma ma non molto più in là. Diceva per scusarsi: «Avevano bisogno di me nei campi e non mi lasciavano molto tempo per la scuola». In quelle occasioni mio padre, che era considerato nel paese pressoché un letterato, la accarezzava sui capelli come si fa con le bambine quando sale loro alle guance il rossore.

Quel mio piccolo paese mi si è piantato dentro. Posso dimenticare quello che ho fatto ieri, ma di quegli anni trascorsi tra la casa, quell'unica strada e le vigne, ricordo tutto, anche i particolari.

La sera, all'imbrunire – avevo già sette anni e a scuola imparavo i primi racconti – mi turbavano le ombre che scendevano a coprire le case. Quando il giorno si spegneva nel buio, sognavo senza chiudere gli occhi e i miei sogni non andavano mai al di là del campanile di Vinchio. Fino da allora l'incubo che mi portavo dentro era quello di essere allontanato dal paese come era toccato al primo fratello. Una sera, prima d'addormentarmi, sorpresi una conversazione tra mio padre e mia madre che avevano la stanza vicina alla mia. Diceva mio padre: «Davide è diverso dagli altri. Vedi, non beve neppure il vino, non lo vuole neppure assaggiare, ne rifiuta l'odore. È il colmo! Come se non fosse mio figlio, come se non fosse nato qui. Vedrai, quel ragazzo ci riserverà delle sorprese».

«Che sorprese?» ribatteva mia madre «soltanto perché non beve? Tanto di guadagnato, non consumerà una parte della vendemmia come fai tu».

«Tu sei una donna e non puoi capire: quel figlio è diverso. Ha vergogna di portare la capra al pascolo, gli piace soltanto andare a scuola e stare sui libri. L'unica cosa è decidere fin d'ora di mandarlo anche lui in collegio, magari a studiare da prete».

Da quella notte l'incubo del collegio, di dover lasciare il paese, il colore delle mie colline, il fischiare di quel vento, il battere della pioggia sui tetti del porticato mi tenne in una stretta d'angoscia.

(Davide Lajolo, *Il voltagabbana*, Rizzoli)

1 Nella frase *non mancavano fagioli e ceci per tutta l'annata ma, anche questi, amministrati con parsimonia* a che cosa si riferisce il pronome *questi*?

....

....

2 Dopo le parole *c'era già la pietanza dopo la minestra* ci sono i due punti (:). La frase che segue:

- ❑ aggiunge una informazione completando quanto detto prima
- ❑ nega quanto detto prima
- ❑ modifica quanto detto prima
- ❑ è una nuova informazione non collegata a quanto detto prima

3 Nel periodo *ma bastava che cadesse una maledetta grandinata perché per tutta l'annata anche la domenica diventasse un giorno come un altro* in sostanza l'autore vuole affermare che:

- ❑ quando grandinava le domeniche diventavano giorni come gli altri
- ❑ se grandinava le domeniche diventavano giorni come gli altri
- ❑ poiché grandinava le domeniche diventavano giorni come gli altri
- ❑ mentre grandinava le domeniche diventavano giorni come gli altri

II PERCORSO

4 Nel periodo *era stato mandato in un collegio di preti, dove non si pagava retta*, grammaticalmente *dove* significa "nel quale" ed è quindi un nesso relativo. Dal contesto puoi però comprendere che vi è sottinteso un altro significato, che potrebbe essere reso con:

❑ sebbene ❑ poiché ❑ purché ❑ a patto che

5 Osserva le frasi evidenziate nel testo.

– Quanti punti ci sono in poco più di due righe? ....
– Quante informazioni? ....
– Quindi, ogni frase che termina con un punto quante informazioni ci dà? ....

6 Nel periodo *lo era ancora quando io nacqui* il pronome *lo* si riferisce a:

- ❑ era bella
- ❑ la faceva da padrona
- ❑ era attiva
- ❑ era la figlia del vicesindaco

7 *La sua severità – più presente di quella di mio padre – era corretta dalla comprensione*. La frase tra due lineette:

- ❑ modifica la frase in cui è inserita
- ❑ è una informazione non collegata alla frase in cui è inserita
- ❑ aggiunge una informazione alla frase in cui è inserita
- ❑ nega la frase in cui è inserita

8 La madre *sapeva farsi temere e amare anche quando la sua voce s'alzava nelle rampogne con noi quattro fratelli, difficili da far convivere*. In questo periodo *da far convivere* significa:

- ❑ nonostante la convivenza
- ❑ senza la convivenza
- ❑ anche per la convivenza
- ❑ per quanto riguarda la convivenza

9 Nella frase *la sua mortificazione era quella di saper poco scrivere* a chi si riferisce l'aggettivo *sua?*

....

10 Nel periodo *la accarezzava sui capelli come si fa con le bambine*, la frase *come si fa con le bambine* indica:

- ❑ un modo
- ❑ uno scopo
- ❑ una causa
- ❑ una limitazione

11 *La sera, all'imbrunire – avevo già sette anni e a scuola imparavo i primi racconti – mi turbavano le ombre*. La frase tra due lineette:

- ❑ modifica quanto detto nella frase in cui è inserita
- ❑ nega quanto detto nella frase in cui è inserita
- ❑ è strettamente collegata alla frase in cui è inserita
- ❑ aggiunge nuove informazioni rispetto alla frase in cui è inserita

12 Solo verso la fine del brano conosciamo il nome del luogo in cui Davide è vissuto da bambino: Vinchio. In che modo viene chiamato, prima e dopo, questo luogo?

....

Sottolinea nel brano tutte le volte che incontri questo rimando.

13 Nella frase *non lo vuole neppure assaggiare, ne rifiuta l'odore* a che cosa si riferiscono i pronomi *lo* e *ne*?

....

14 Nel dialogo finale tra il padre e la madre il nome dell'autore, Davide, è pronunciato una sola volta. Quali altre parole utilizza il padre per nominarlo?

....

CHE COSA HO IMPARATO

Hai letto un testo scritto con frasi brevi e concetti chiari, come per aiutarci ad entrare nel mondo contadino da cui proviene l'autore; l'uso però dei pronomi, della punteggiatura, dei rimandi rivela un uso sapiente della lingua, solo in apparenza semplice. Gli esercizi che hai svolto hanno lo scopo soprattutto di farti riflettere su questi aspetti.

IV TAPPA Le connessioni testuali: cogliere le relazioni logico-sintattiche

Competenze
- Comprendere che elementi non verbali possono anche svolgere funzione di connettivo
- Individuare la funzione dei segni di punteggiatura

Qui sotto avrai sicuramente riconosciuto una pagina tratta da un libro di storia, una pagina di sintesi nella quale, attraverso uno schema e un riassunto per punti, viene riproposto in breve l'argomento dell'intero capitolo.
Queste sintesi, che compaiono in molti libri scolastici, sono utili per fissare le idee dopo la spiegazione e lo studio del testo o per ripassare più in là nel tempo un argomento già trattato: riflettere sul significato, anche visivo, di quel che vi è scritto e rappresentato – come qui sei invitato a fare – è perciò una scelta conveniente perché lo studio sia sempre più proficuo.

LA PRIMA GUERRA MONDIALE

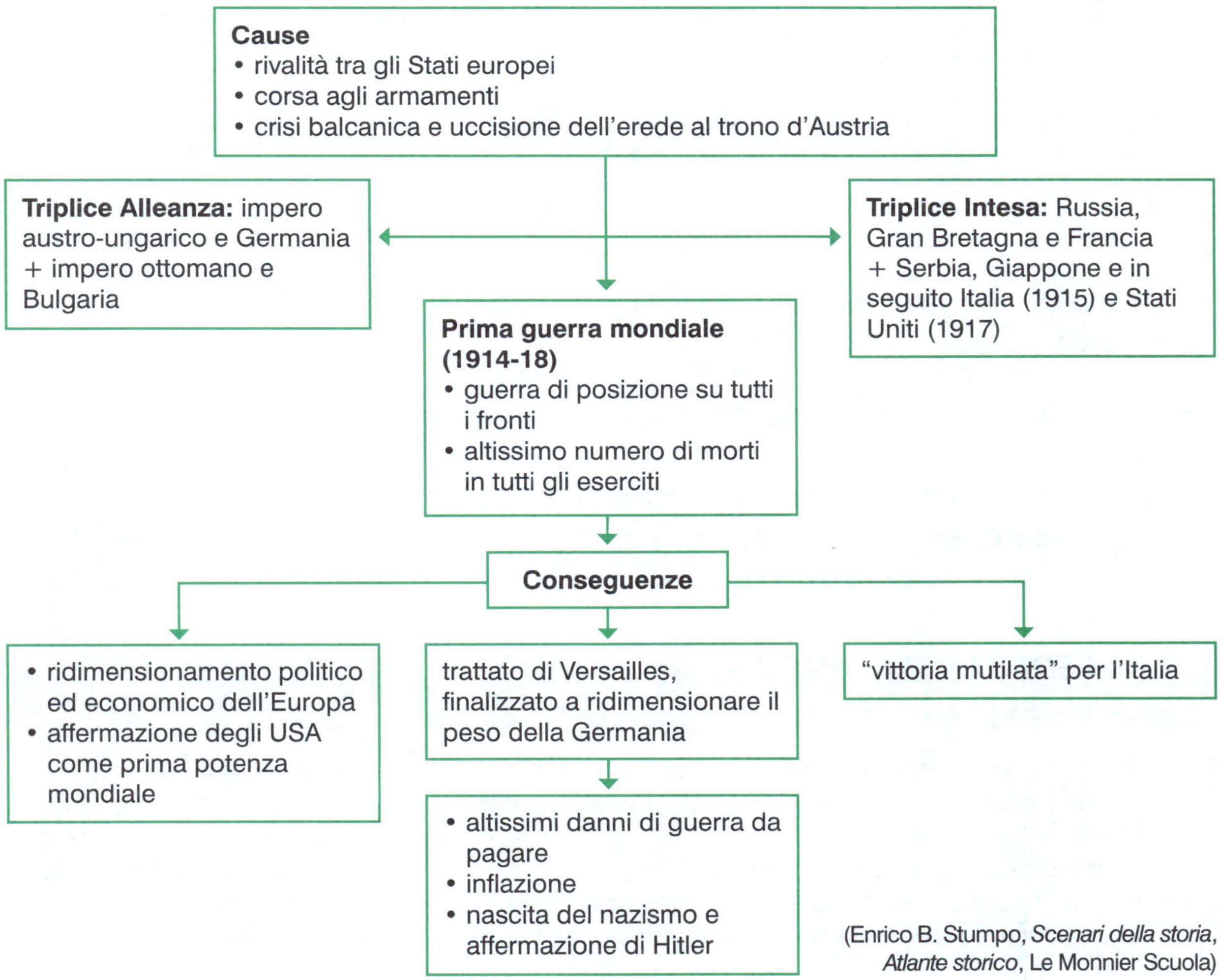

(Enrico B. Stumpo, *Scenari della storia, Atlante storico*, Le Monnier Scuola)

1 Scegli che cosa potresti scrivere tra il riquadro *Cause* e quello *Prima guerra mondiale*:
❑ sono contemporanee ❑ limitano ❑ rappresentano ❑ provocano

2 E tra i riquadri *Triplice Alleanza* e *Triplice Intesa*, che cosa potresti scrivere?
❑ Le cause ❑ Le alleanze ❑ I fronti ❑ Le conseguenze

3 Mantenendo inalterate le frecce, si potrebbe cambiare l'ordine dei riquadri presenti nella colonna centrale dello schema?

Perché? ....

4 E i riquadri allineati orizzontalmente sulla seconda riga potrebbero essere scambiati di posto tra loro?

Perché? ....

5 L'ultimo riquadro in fondo alla schema potrebbe essere messo alla pari dei tre della riga sovrastante?

....

Perché? ....

....

6 Nello schema due riquadri riportano informazioni importanti, ma che potrebbero essere tolte senza che la struttura complessiva dello schema ne risenta. Quali sono?

a. ....

b. ....

La freccia che collega questi due riquadri assume lo stesso significato delle altre? ....

Perché? ....

7 Rintraccia e sottolinea le cause della *Prima guerra mondiale* che sono riportate nello schema.

Quale delle tre non è nominata esplicitamente? ....

Qual è stata l'ultima dal punto di vista cronologico? ....

CHE COSA HO IMPARATO

Leggere uno schema e porlo in relazione con un testo non è poi sempre così semplice come può apparire a prima vista. Attraverso l'esempio che hai esaminato, hai potuto riflettere su quante implicazioni differenti può avere l'uso di una semplice freccia o la collocazione spaziale di un riquadro disegnato su un foglio. E avrai anche notato come la scelta di sintetizzare o riassumere attraverso strumenti diversi possa mettere più o meno in evidenza un aspetto o l'altro di ciò che dobbiamo studiare.

PROVA CUMULATIVA

Competenze

- Richiamare il significato di parole note
- Dedurre il significato di una parola dal contesto
- Spiegare termini di linguaggi specifici
- Individuare informazioni esplicite date col linguaggio verbale
- Attribuire all'elemento corretto informazioni espresse
- Inferire informazioni implicite sulla base della propria "enciclopedia personale"
- Comprendere il significato figurato di parole ed espressioni
- Riconoscere il riferimento di aggettivi, pronomi e di altre forme di rimandi testuali
- Cogliere il tipo di legame che intercorre tra frasi o porzioni di testo
- Individuare la funzione dei segni di punteggiatura

Konrad Lorenz è un scienziato austriaco vissuto nel secolo scorso, fondatore dell'etologia scientifica, settore della zoologia in cui si studiano gli animali paragonando gli uni agli altri in base ai loro comportamenti. Uno studio nato anche dalle sue esperienze di vita che ha raccolto in molti saggi e volumi, anche divulgativi, come *L'anello di Re Salomone* da cui è tratto questo brano.

IL PAPPAGALLO GEIER

È noto che i pappagalli e molti corvidi sanno "parlare", cioè imitare delle parole umane, e a volte può esservi anche un legame concettuale fra il suono emesso e determinate esperienze dell'uccello. Per il fatto che sanno imitare, molti uccelli canori spesso danno l'impressione di "prendere in giro": il canapino, l'averla piccola, il pettazzurro, lo storno e altri sono maestri in questo campo. Questi suoni sono imitati, e quindi appresi dall'uccello, che non li possiede per via innata, e che li emette solo mentre canta, senza alcuna connessione con il significato che possono avere particolari "vocabolari". Questo vale anche per gli storni, le gazze e le taccole, che sono assai bravi nell'imitare le parole umane.

Altra cosa è il "linguaggio" dei grossi corvi e soprattutto dei grossi pappagalli: anch'essi imitano le parole umane in modo chiaramente giocoso e non intenzionale, come avviene per altri uccelli dall'intelligenza meno elevata, ma i corvi e i pappagalli imitano le parole umane anche indipendentemente dal canto, e innegabilmente, a volte, tali suoni sono associati a certi concetti e hanno quasi (però soltanto quasi!) un certo significato.

Molti pappagalli cinerini e molti pappagalli dell'Amazzonia dicono "buongiorno" solo al mattino, e una sola volta; quindi usano l'espressione in modo del tutto appropriato. Otto Koehler possedeva un vecchissimo pappagallo cinerino, che, avendo il vizio di strapparsi le penne, era rimasto quasi pelato, e rispondeva al nome di Geier. Geier, che non era affatto bello, compensava la sua bruttezza con il talento

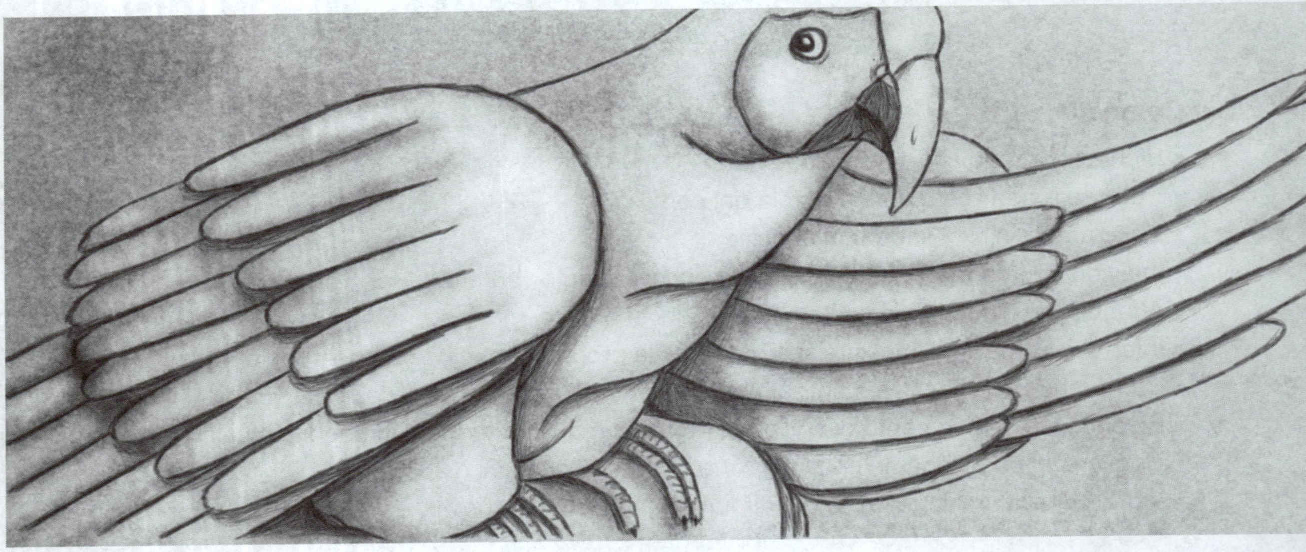

per la lingua: diceva perfettamente a tono "buongiorno" e "buonasera", e quando un visitatore si alzava per prendere congedo esclamava con un vocione benevolo: "Be', arrivederci!". E si noti che lo diceva solo quando il visitatore aveva veramente intenzione di andarsene: come i cani pensanti, così anch'egli comprendeva da segni impercettibili e inconsci se l'intenzione del visitatore era veramente seria. Quali fossero questi segni, noi non l'abbiamo mai scoperto, ma neppure una volta siamo riusciti a provocare il suo saluto mediante un congedo fittizio. Se invece una persona era veramente in procinto di andarsene, poteva anche congedarsi nel modo più discreto che subito, e un po' beffardo, risuonava il "Be', arrivederci" del pappagallo. Il celebre ornitologo di Berlino, il colonnello von Lukanus, possedeva anch'egli un pappagallo cinerino, divenuto famoso per la sua straordinaria memoria. Accanto ad altri uccelli, Lukanus teneva anche una upupa domestica, di nome Hopfchen, e il pappagallo, che sapeva parlare bene, aveva presto imparato questo nome. Purtroppo le upupe, al contrario dei pappagalli, non vivono a lungo in cattività, e quindi dopo un po' di tempo Hopfchen passò nel regno dei più, e parve che il pappagallo ne avesse dimenticato il nome; comunque non l'aveva mai più pronunciato. Dopo la bellezza di nove anni il colonnello von Lukanus acquistò un'altra upupa e, appena la vide, il pappagallo disse subito e ripetè in seguito: "Hopfchen .. Hopfchen...".

(Konrad Lorenz, *L'anello di Re Salomone*, Mondadori)

1 Indica quali tra le seguenti affermazioni riguardanti il pappagallo Geier sono vere e quali false.

Metti una crocetta per ogni frase.

		VERO	FALSO
a.	Geier aveva l'abitudine di strapparsi le penne	❑	❑
b.	Geier era un pappagallo cinerino	❑	❑
c.	Geier apparteneva al colonnello von Lukanus	❑	❑
d.	Geier sapeva dire solamente "buonasera"	❑	❑
e.	Geier comprendeva sempre quando un visitatore stava per andarsene	❑	❑

2 Nella frase *un vecchissimo pappagallo cinerino, che, avendo il vizio di strapparsi le penne, era rimasto quasi pelato*, le parole *avendo il vizio di strapparsi le penne* indicano, rispetto al resto del testo:

❑ una conseguenza
❑ una causa
❑ un fine
❑ una condizione

3 Nella frase *compensava la sua bruttezza con il talento per la lingua*, quale tra i significati della parola *talento* viene utilizzato?

❑ Antica unità di misura
❑ Antica moneta usata in Grecia e Palestina
❑ Disposizione, inclinazione dell'animo
❑ Capacità, genialità

4 Ritrova nel testo il periodo *E si noti che lo diceva solo quando il visitatore aveva veramente intenzione di andarsene*: il pronome *lo* a che cosa si riferisce?

....

5 L'aggettivo *impercettibili* significa:

❑ che non si notano
❑ che si notano appena
❑ che si notano molto
❑ che non si dovrebbero notare

6 Nella frase *quali fossero questi segni, noi non l'abbiamo mai scoperto* il pronome *l'* a che cosa si riferisce?

....

I-II PERCORSO

7 Che cosa significa l'espressione *congedo fittizio*?

....

8 *Se invece una persona era veramente in procinto di andarsene* è una frase che indica:

- ❑ una causa
- ❑ un'ipotesi
- ❑ una limitazione
- ❑ una conseguenza

9 La parola *ornitologo* non è di uso comune. È un termine scientifico che deriva dal greco antico. Sapendo che in greco *ornis* significa uccello e ripensando ad altre parole come zoologo o archeologo, che significato pensi possa avere questo termine?

....

10 Nella frase *le upupe... non vivono a lungo in cattività*, la parola *cattività* significa:

- ❑ in situazione di pericolo
- ❑ tra animali cattivi
- ❑ al di fuori dell'habitat naturale
- ❑ in libertà

11 Chi ripeteva spesso "Hopfchen" (il nome dell'upupa)?

- ❑ Il pappagallo dell'Amazzonia
- ❑ Il pappagallo Geiger
- ❑ Il pappagallo di Otto Koehler
- ❑ Il pappagallo di von Lukanus

12 Che cosa significa *Hopfchen passò nel regno dei più*?

....

13 Nei primi due paragrafi del brano vi sono alcune parole scritte tra virgolette. Per quale motivo?

....

....

....

Nei paragrafi successivi le virgolette che racchiudono alcune espressioni hanno un'altra funzione. Quale? ....

....

....

V TAPPA La comprensione globale del testo

Competenze
- Identificare l'argomento generale del testo
- Riconoscere la funzione dominante di un testo
- Cogliere l'argomento di una parte del testo
- Elaborare una sintesi in forma di titolo, scaletta, tabella, schema

Tahar Ben Jelloun è uno scrittore arabo che vive a Parigi, sempre in prima fila nella lotta contro l'intolleranza e il razzismo. Il passo che leggerai è tratto da un suo breve libro, nel quale riporta un colloquio avuto con la figlia per spiegare la profonda ingiustizia del razzismo e la necessità di vigilare perché non si diffonda. Sarà anche per te un'occasione di riflettere, cercando di coglierne alcuni aspetti importanti e di capire le motivazioni portate dall'autore.

IL RAZZISMO SPIEGATO A MIA FIGLIA

Bisogna cominciare con il dare l'esempio e fare attenzione alle parole che si usano. Le parole sono pericolose. Certe vengono usate per ferire e umiliare, per alimentare la diffidenza e persino l'odio. Di altre viene distorto profondamente il significato per sostenere intenzioni di gerarchia e di discriminazione. Altre sono belle e allegre. Bisogna rinunciare alle idee preconcette, a certi modi di dire e proverbi che vanno nel senso della generalizzazione e per conseguenza del razzismo. Bisognerà riuscire ad eliminare dal tuo vocabolario le espressioni che portano a idee false e pericolose. La lotta contro il razzismo comincia con un lavoro sul linguaggio.
Questa lotta d'altra parte richiede volontà, perseveranza ed immaginazione. Non basta più indignarsi di fronte a un discorso o a un comportamento razzista. Bisogna anche agire, non dare spazio a una deriva di carattere razzista. Non dire mai "non è poi così grave!". Se uno lascia correre e lascia dire, permette al razzismo di prosperare e di svilupparsi anche tra le persone che avrebbero potuto facilmente evitare di abbandonarsi a quel flagello. Se non si reagisce, e non si agisce, si rende il razzismo banale e arrogante. Sappi che ci sono le leggi che puniscono l'incitamento all'odio razziale. Sappi anche che ci sono associazioni e movimenti che lottano contro tutte le forme di razzismo e che fanno un lavoro formidabile.
Quando tornerai a scuola guarda bene tutti i tuoi compagni e noterai che sono tutti diversi tra loro, e questa differenza è una bella cosa. È una buona occasione per

l'umanità. Quegli scolari vengono da orizzonti diversi, sono capaci di darti cose che non hai, come tu puoi dargli qualcosa che loro non conoscono. Il miscuglio è un arricchimento reciproco.
Sappi infine che ogni faccia è un miracolo. È unica. Non potrai mai trovare due facce assolutamente identiche. Non hanno importanza bellezza o bruttezza: sono cose relative. Ogni faccia è simbolo della vita, e ogni vita merita rispetto. Nessuno ha diritto di umiliare un'altra persona. Ciascuno ha diritto alla sua dignità. Con il rispetto di ciascuno si rende omaggio alla vita in tutto ciò che ha di bello, di meraviglioso, di diverso e di inatteso. Si dà testimonianza del rispetto per se stessi trattando gli altri con dignità.

(Tahar Ben Jelloun, *Il razzismo spiegato a mia figlia*, Bompiani)

1 Nella prima parte del brano si sottolinea l'importanza delle parole e di come queste possano alimentare atteggiamenti razzistici. Dopo aver riletto il testo, elenca qui quattro usi sbagliati delle parole portati dall'autore a sostegno della sua tesi.

a. ....

b. ....

c. ....

d. ....

2 Realizza un piccolo schema, sistemando nei riquadri le frasi elencate e tracciando i relativi collegamenti.

contrastare il razzismo   dare l'esempio   scegliere le parole adatte

3 Nel brano si sostiene che le differenze tra le persone:

- ❑ bisogna accettarle e sopportarle
- ❑ sono una bella opportunità
- ❑ non cambiano le possibilità dell'umanità
- ❑ sono un problema

Per giustificare la tua scelta, scrivi una motivazione addotta dall'autore:

....

....

4 Secondo l'autore:

– la lotta contro il razzismo

inizia: ....

ha bisogno di: ....

– nella lotta contro il razzismo

non bisogna: ....

....

è necessario sapere: ....

....

5 Quale tra i titoli elencati ti pare sintetizzi meglio il brano che hai letto?

- ❑ Come comportarsi per contrastare il razzismo
- ❑ Il razzismo e il suo linguaggio
- ❑ Perché il razzismo è sbagliato
- ❑ La diversità di ciascuno è ricchezza per tutti

Spiega i motivi della tua scelta. ....

....

....

6 Nella tabella completa le frasi in modo da riassumere gli aspetti fondamentali trattati nel brano.

	CONTENUTO
I paragrafo	È necessario porre molta attenzione nella scelta delle parole da ...., perché possono portare idee ...., favorendo così il ....
II paragrafo	Di fronte a comportamenti razzisti non basta ...., bisogna anche ....; le .... puniscono chi incita all'odio razziale
III paragrafo	Avere compagni di scuola .... è una bella cosa perché può essere l'occasione per .... reciproco
IV paragrafo	Non esistono due persone .... tra loro e ciascuno va rispettato perché ognuno di noi ha diritto alla ....

7 La funzione prevalente di questo testo è:

- ❏ narrativa
- ❏ espositiva
- ❏ descrittiva
- ❏ argomentativa

8 Un'altra funzione svolta dal testo è quella di:

- ❏ convincere la figlia di avere ragione
- ❏ invitare la figlia ad avere determinati atteggiamenti
- ❏ fare in modo che la figlia sia più informata sul problema
- ❏ riprendere la figlia perché ha sbagliato

CHE COSA HO IMPARATO

Hai letto un brano piuttosto breve, ma sicuramente denso di idee e di proposte per gli atteggiamenti che dovremmo tenere di fronte a un fenomeno così grave come il razzismo. Inoltre hai avuto modo di notare come l'autore non si limiti ad affermazioni, ma porti anche alcune motivazioni a sostegno di quanto asserisce. Realizzare piccoli schemi e riflettere su titoli adeguati è stato un esercizio utile per cogliere ancor meglio la complessità dell'argomento.

V TAPPA La comprensione globale del testo

Competenze
- Identificare l'argomento generale del testo
- Cogliere l'argomento di una parte del testo
- Discriminare elementi principali e secondari
- Porre in relazione le caratteristiche e i ruoli dei personaggi con motivazioni, scopi ed eventi

La "frenesia da lavoro" che può portare fino alle più funeste conseguenze è presentata in questo piacevole e divertente brano, tratto da un ironico racconto dello scrittore tedesco Heinrich Böll, vincitore nel 1972 del premio Nobel per la letteratura. A te cogliere le diverse parti e le sfumature della vicenda, le caratteristiche salienti del protagonista e degli altri personaggi, che cosa si celi dietro a tanto attivismo.

STRESS DA LAVORO

Mi fecero passare per primo nella sala dell'esame, dove su tavoli di gusto squisito erano già pronti i formulari. Le pareti erano sul verde, un verde che avrebbe strappato dalle labbra di certi patiti dell'arredamento la parola «affascinante». Non si vedeva nessuno ma io ero sicuro di essere osservato e così mi comportai come si comporta uno che ha cento cose da partorire quando sa di essere osservato.
Con uno scatto d'impazienza tolsi di tasca la stilografica, l'avvitai, mi posi al tavolo più vicino e trassi a me il formulario con la mossa di certi tipi collerici quando si applicano a rifare il conto in trattoria. Domanda prima: «Ritiene giusto il candidato che l'uomo abbia solo due braccia, due gambe, due orecchie e due occhi?».
Raccogliendo per la prima volta i frutti della mia meditazione, scrissi senza indugio: «Alla mia sete d'azione non sarebbero sufficienti nemmeno quattro braccia, quattro gambe, quattro orecchie. L'attrezzatura del corpo umano è semplicemente inadeguata».
Domanda seconda: «Quanti telefoni è in grado di far funzionare contemporaneamente il candidato?».
Anche questa domanda mi fu facile come un'equazione di primo grado e scrissi: «Quando ho disponibili solo sette telefoni mi sento nervoso. Con nove incomincio a sentirmi a mio agio!». Domanda terza: «Che cosa fa il candidato, a lavoro finito?». Risposta: «Lavoro finito è un'espressione di cui non ho memoria. La cancellai dal mio vocabolario il giorno del mio quindicesimo compleanno. Giacché in principio era l'azione – non il verbo!».
L'impiego fu assegnato a me. A dire il vero, nemmeno nove telefoni bastavano a dare sfogo al mio gusto per l'azione. Alzavo i ricevitori e gridavo: – Agisca immediatamente! –, oppure: – Faccia qualcosa! –, – Deve accadere qualcosa! –, – Dovrebbe accadere qualcosa! –, – Qualcosa è già accaduto! –. Generalmente però mi servivo

III PERCORSO

della forma imperativa, più adatta all'atmosfera. Quanto mai interessanti erano le soste per il pasto del mezzogiorno. Immersi in un silenzioso giubilo, c'impegnavamo a consumare cibi ricchi di vitamine offerti dalla mensa. La fabbrica Wunsiedel formicolava di persone che andavano pazze per raccontare – come si addice appunto a dei veri apostoli dell'azione – tutto il corso della loro carriera. Ci tengono più che alla vita. È come pigiare un bottone: subito ti stendono davanti, con gran sussiego, tutto il ruolino di avanzamento.

Il sostituto del signor Wunsiedel, per esempio, si chiamava Broschek. Si era fatto anche lui un nome perché da studente, lavorando di notte, aveva mantenuto una donna paralitica con sette figlioli. Nello stesso tempo aveva saputo tenere con ottimo successo ben quattro rappresentanze di commercio in articoli vari e in due anni era riuscito ad affermarsi agli esami di stato col massimo dei voti. Quando i giornalisti una volta gli chiesero: «Ma allora, signor Broschek, Lei quando dorme?», rispose: «Dormire è peccato». La segretaria di Wunsiedel invece aveva sfamato un paralitico e i suoi quattro bambini, lavorando a maglia e nello stesso tempo si era laureata in etnologia e psicologia, si era dedicata all'allevamento di cani da pastore ed era divenuta famosa come cantante in un locale col nome di "Vamp 7".

Lo stesso Wunsiedel del resto era una di quelle persone che la mattina, appena si svegliano, sono già fermamente decise ad agire ad ogni costo: «Devo agire» dicono stringendo con energia la cintola dell'accappatoio: «Devo agire» pensano mentre si fanno la barba e gettano sguardi di trionfo sui peli che con la schiuma vanno scivolando nel lavandino. Quei poveri peli sono la prima vittima del loro impetuoso e categorico imperativo all'azione. Perfino quando assolve i suoi più elementari bisogni questa gente si sente felice: l'acqua che va giù nello sciacquone, la carta che consuma è pur sempre qualcosa che "è stato fatto". Poi c'è da masticare il pane, c'è da rompere il guscio dell'uovo. La più insignificante faccenda, eseguita da Wunsiedel, assumeva le proporzioni di un avvenimento: il modo di mettersi il cappello in testa o di abbottonarsi il cappotto con le dita tremanti di energia, perfino il bacio che dava alla moglie uscendo di casa erano degli avvenimenti.

Appena entrava in ufficio, il signor Wunsiedel lanciava il suo saluto alla segretaria: – Bisogna che accada qualcosa! –. – E qualcosa accadrà – rilanciava essa raggiante. Dopo, andava di reparto in reparto facendo echeggiare il suo allegro: – Bisogna che accada qualcosa! – e tutti in coro: – Qualcosa accadrà –. Anch'io lo salutavo entusiasta appena entrava nella mia stanza e gli gridavo: – Qualcosa accadrà.

Già una settimana dopo la mia assunzione avevo portato a undici il

numero dei telefoni serviti contemporaneamente; dopo due settimane erano saliti a tredici. In tram la mattina mi dilettavo a escogitare nuove forme d'imperativo e coniugavo il verbo accadere in tutti i tempi e modi, nelle forme più acrobatiche del congiuntivo e del condizionale. Per due giorni andai martellando una sola frase che mi era andata a genio: «Sarebbe dovuto accadere qualcosa». Per altri due giorni invece imperò un'altra frase: «Questo non sarebbe dovuto accadere!».
Il mio impetuoso dinamismo già incominciava a distendersi a suo agio quando accadde davvero qualcosa. Un martedì mattina – non mi ero ancora assestato al tavolo di lavoro – il signor Wunsiedel si precipitò nella mia stanza col solito appello: – Qualcosa ha da accadere! – Notai qualcosa sulla sua faccia, qualcosa che non riuscivo a spiegarmi e che m'impedì di rispondere col solito brio, la solita frase: «E qualcosa accadrà». Indugiai tanto che il signor Wunsiedel, che non gridava quasi mai, quella volta muggì come un leone: – Risponda! Lei deve rispondere secondo le prescrizioni. – Allora risposi ma a voce bassa, esitando come un bambino quando gli viene imposto di dire: «Io sono un bambino cattivo». Durai gran fatica per finire alla meglio tutta la frase: – Accadrà certo qualcosa.
L'avevo appena pronunciata che davvero accadde qualcosa. Wunsiedel si abbattè al suolo, rovesciandosi di fianco nella caduta e rimase immobile, di traverso alla porta spalancata. Io già sapevo quello che avrei constatato mentre giravo lentamente intorno al tavolo per chinarmi su di lui: sapevo che era morto.
[...]
Ogni tanto vado a fare una visita alla tomba del signor Wunsiedel. In fondo devo ringraziare lui se ho finalmente scoperto la mia vera vocazione; è una vocazione per la quale il requisito fondamentale è la meditazione e il non far nulla è un lavoro.
Molto tempo dopo mi è venuto di pensare che non mi ero preoccupato di sapere quali articoli producesse la fabbrica del signor Wunsiedel. Se non mi sbaglio, doveva trattarsi di sapone.

(Heinrich Böll, *Racconti umoristici e satirici*, UTET)

1 Il brano può essere suddiviso in quattro grandi sequenze e un breve finale. Individua nel testo tali parti e indica qual è l'argomento di ciascuna.

a. ....

b. ....

c. ....

d. ....

finale ....

2 Hai tre righe a disposizione per sintetizzare brevemente il brano che hai letto.

....

....

....

3 Tra quelli elencati, individua le caratteristiche e i comportamenti che si addicono a ciascun personaggio.

	saluta aspettandosi sempre che accada qualcosa
Il protagonista	sostiene che un lavoro non può mai considerarsi finito
	ritiene che dormire sia una cosa riprovevole
La segretaria	ha svolto i lavori più diversi, studiato e mantenuto un paralitico
	è in grado di usare tredici telefoni contemporaneamente
Alfred Wunsiedel	ha conseguito due lauree
	l'acqua che scende dallo sciacquone gli dà felicità
Broschek	è stato un ottimo commerciante

4 Rileggi nella prima parte quanto riguarda la compilazione del questionario per l'assunzione: ti sembra che il modo di rispondere del protagonista sia un elemento importante o secondario per il seguito del racconto?

....

Per quale motivo? ....

....

....

5 Al termine del racconto il protagonista ci informa che la fabbrica di Wunsiedel produceva sapone. A tuo parere perché lo fa?

- ❑ Perché, non avendolo ancora scritto, era importante che il lettore comunque sapesse che si produceva sapone
- ❑ Perché così sottolinea che ciò che contava era l'essere sempre attivo e non quello che si produceva
- ❑ Perché non era sicuro che si producesse sapone
- ❑ Perché così si potesse capire ancor meglio la personalità del signor Wunsiedel

CHE COSA HO IMPARATO

Certamente il racconto è carico di esagerazioni e presenta aspetti inverosimili, ma sono proprio questi elementi che lo rendono divertente e gradevole. L'ironia dello scrittore non ha però lo scopo soltanto di divertirci. L'analisi del testo, l'approfondimento dei personaggi, l'attenzione a cogliere quanto è davvero importante nella narrazione e quanto meno, ci aiutano a valutare meglio la capacità dell'autore di presentarci una situazione.

V TAPPA La comprensione globale del testo

Competenze
- Cogliere l'argomento di una parte del testo
- Ricostruire l'ordine logico-temporale
- Individuare motivi di coerenza o incongruenza del testo
- Elaborare una sintesi in forma di titolo, scaletta, tabella, schema

Questo brano è tratto dal divertente racconto *Il fantasma di Canterville* dello scrittore irlandese Oscar Wilde, autore di commedie, romanzi e racconti brillanti e ricchi di umorismo.
La vicenda si svolge in un antico castello inglese, acquistato dall'ambasciatore degli Stati Uniti, il signor Otis, per soggiornarvi con la famiglia, comprendente fra l'altro una coppia di pestiferi gemellini. Nel castello però si aggira un fantasma...

IL FANTASMA DI CANTERVILLE

Ad un tratto la signora Otis scorse una macchia di color rosso scuro sul pavimento di fronte al caminetto e senza sapere che cosa fosse disse alla governante: — Credo che laggiù abbiano versato qualche cosa.
– Sì, signora – le rispose con voce bassa la vecchia – in quel punto è stato versato del sangue.
– Che orrore! – esclamò la signora Otis. – Non mi piace affatto una macchia di sangue in biblioteca. Bisogna far pulire subito.
La vecchia sorrise e rispose con la stessa voce bassa e misteriosa: – È il sangue di Lady Eleonore di Canterville, assassinata in quel preciso punto dal marito sir Simon di Canterville nel 1575. Sir Simon le sopravvisse nove anni e poi all'improvviso scomparve in circostanze assai misteriose. Il suo corpo non è stato scoperto mai, e il suo spirito colpevole vaga ancora nel castello. La macchia di sangue è molto ammirata dai turisti e da tutti i visitatori e non è possibile farla scomparire.
– Sciocchezze – sentenziò Washington Otis; – il Super Smacchiatore e Detersivo Impareggiabile Pinkerton la toglierà di mezzo in un minuto – e prima che la governante terrorizzata avesse il tempo di protestare egli s'era inginocchiato e strofinava svelto il pavimento con un bastoncino di pasta scura. Pochi istanti dopo non rimaneva più traccia della macchia di sangue.
Alle undici tutti si ritirarono e verso le undici e mezzo ogni lume era già spento. Dopo un poco il signor Otis venne destato da uno strano rumore proveniente dal corridoio. Era come un tintinnare metallico e pareva che s'avvicinasse a poco a poco. Egli s'alzò immediatamente, accese un fiammifero e guardò l'orologio. Era l'una esatta. Si sentiva calmissimo e per accertarsi di non avere il delirio si tastò il polso che trovò normale. Lo strano rumore continuava, e ora distinse anche un suono di passi. Infilò le pantofole, tolse dalla valigia una boccetta di forma allungata e aperse l'uscio. Proprio lì davanti, nella pallida luce lunare, vide un vecchio

dall'aspetto terribile. Gli occhi erano rossi come carboni ardenti; i lunghi capelli – grigi gli ricadevano sulle spalle in ciocche scomposte; l'abito che era di foggia antica era tutto sudicio e lacero e trascinava legati ai polsi e alle caviglie pesanti manette e ceppi arrugginiti.
– Egregio signore – disse Mr. Otis – mi permetto di insistere perché diate un po' d'olio a codeste vostre catene, e per l'appunto eccovi un flacone del Lubrificante Solare Tammany. Si dice che dia ottimi risultati sin dalla prima applicazione; nella confezione si leggono infatti molti attestati di benemerenza firmati da alcuni fra i nostri maggiori teologi nazionali. Ve lo lascio sul tavolino dove si trovano le lampade delle camere da letto, e sarò lieto di fornirvene ancora nel caso vi occorresse.
Detto questo, l'Ambasciatore degli Stati Uniti posò il flacone su un ripiano di marmo e chiudendo l'uscio si ritirò a riposare.
Per un attimo il fantasma di Canterville rimase ammutolito per lo sdegno, poi, scagliata con violenza la boccetta sul lucido pavimento, infilò di volata il corridoio lanciando gemiti cavernosi e diffondendo una spettrale luce verdastra. Ma nell'istante in cui giungeva al sommo dell'ampia scalinata di quercia un uscio si spalancò di colpo, apparvero due minuscole figure in bianco e un grosso guanciale gli fischiò a poca distanza dal capo! Comprese che non v'era tempo da perdere, e adottando in gran fretta quale mezzo di scampo la Quarta Dimensione svanì oltre il rivestimento di legno della parete, dopo di che la casa ritornò tranquilla.
Quando ebbe raggiunta una piccola stanza segreta nell'ala sinistra del castello, si appoggiò a un raggio di luna per riprender fiato e cercò di rendersi conto della sua situazione.
Il mattino seguente quando tutta la famiglia Otis si trovò riunita per la colazione, l'argomento del fantasma venne trattato con una certa ampiezza. L'ambasciatore degli Stati Uniti era naturalmente alquanto seccato per il rifiuto del suo dono. – Non è mia intenzione – disse – di causare al fantasma nessun danno personale, e considerando la sua lunghissima dimora in questa casa, non mi pare affatto cortese lanciargli contro dei guanciali. – Osservazione giustissima, ma son dolente di dover ammettere che all'udirla i due gemelli scoppiarono in una risata. – D'altra parte – proseguì l'ambasciatore – se insiste nel non usare il Lubrificante Solare, saremo costretti a togliergli le catene; altrimenti sarebbe impossibile dormire con un simile baccano davanti all'uscio delle camere da letto.
Sino alla fine di quella settimana non ebbero però più a subire nessun disturbo, e l'uni-

co fenomeno degno di nota fu il continuo rinnovarsi della macchia di sangue sul pavimento della biblioteca.

La seconda comparsa del fantasma avvenne la domenica notte. Erano andati a letto da poco, quando un tremendo schianto che proveniva dall'ingresso li fece sobbalzare. Tutti corsero da basso e scoprirono che una grossa armatura antica s'era staccata dal piedistallo ed era caduta sul pavimento di pietra; su una seggiola dall'alto schienale sedeva il fantasma di Canterville che si fregava le ginocchia con una espressione di sofferenza acuta. I gemelli che erano scesi armati di pistole da gioco, subito gli scaricarono addosso due interi caricatori con quella eccellente mira che si raggiunge soltanto dopo lunghe e intense esercitazioni sulla persona di un professore di calligrafia, mentre l'ambasciatore degli Stati Uniti gli puntava contro il revolver intimandogli, secondo le regole dell'etichetta californiana, di alzare le braccia sopra la testa! Con un urlo di rabbia, il fantasma balzò in piedi, guizzò tra loro come un soffio di nebbia, spense la candela che Washington Otis teneva in mano e li lasciò nelle tenebre. Giunto al sommo della scalinata riprese il controllo dei propri nervi e decise di prorompere nel suo famoso scroscio di risa demoniache che non di rado aveva trovato estremamente efficace. Si diceva che nel volgere di una sola notte avesse fatto diventar grigia la parrucca di Lord Raker, e non v'era poi dubbio che non avesse indotto ben tre governanti francesi di Lady Canterville a licenziarsi prima del termine del loro mese di prova. Pertanto egli rise nella maniera più spaventosa sino a far ripetutamente echeggiare l'antica volta, ma non era quasi ancora spenta quell'eco paurosa, che si aprì un uscio e la signora Otis si fece avanti in vestaglia celeste dicendo : – Temo vi sentiate tutt'altro che bene in salute, eccovi una bottiglia del tonico del dottor Dobell. Se si tratta di indigestione, troverete che è un rimedio eccellente. – Infuriato, il fantasma le fissò gli occhi addosso dando sull'istante inizio ai preparativi necessari per trasformarsi in un enorme cane nero, impresa per la quale andava giustamente famoso. Però un rumore di passi che si avvicinava lo fece recedere dal fiero proposito, cosi che si limitò ad assumere una lieve fosforescenza e a dileguarsi con un gemito profondo e funereo appena in tempo per non farsi cogliere dai gemelli.

(Tratto e adattato da Oscar Wilde, *Il fantasma di Canterville*, Casini Editore)

1 Elenca nella prima colonna i quattro tentativi che compie il fantasma per spaventare la famiglia Otis e, nella seconda, le reazioni della famiglia alle provocazioni del fantasma.

	LA PROVOCAZIONE DEL FANTASMA	LA REAZIONE DELLA FAMIGLIA
a.		
b.		
c.		
d.		

2 Le sintesi che seguono riassumono le sequenze in cui si può dividere il testo, in ordine sparso. Riordinale numerandole.

a. Il fantasma si allontana indispettito, mentre gli viene lanciato contro un guanciale dai gemelli. ....

b. Il fantasma ricompare con grande fracasso perché ha fatto cadere un'armatura. I gemelli lo colpiscono con pistole giocattolo, il signor Otis compare con un revolver e il fantasma fugge. ....

c. La signora Otis scopre una macchia sul tappeto della biblioteca, che la governante afferma essere di sangue per un antico delitto e Washington Otis lo smacchia. ....

d. Il fantasma, indignato, prima cerca di trasformarsi in un enorme cane nero, poi diviene fosforescente e scompare. ....

e. Mentre la famiglia è a letto, si ode un rumore metallico. Il signor Otis vede un vecchio orribile in catene e gli consiglia un olio per lubrificarle. ....

f. Il signor Otis afferma di non voler danneggiare il fantasma, ma di voler risolvere il problema del rumore delle catene; intanto la macchia di sangue sul tappeto della biblioteca si rinnova costantemente. ....

g. Dopo che il fantasma ha riso in modo agghiacciante, la signora Otis gli propone un farmaco, pensando che non si senta bene. ....

3 Suddividi il testo nelle sette sequenze date.

4 Immagina di dover trovare un nuovo titolo a *Il fantasma di Canterville.* Quale sceglieresti tra i seguenti?

❏ Povero fantasma!
❏ Una famiglia americana al castello
❏ Convivenza difficile
❏ Passato e presente

Spiega il motivo della tua scelta: ....

....

....

CHE COSA HO IMPARATO

La comicità del racconto è dovuta soprattutto al fatto che i personaggi nella situazione non reagiscono come ci si potrebbe aspettare.
Questa incongruenza per l'autore è dovuta alla diversità tra la mentalità britannica, tradizionalista e rispettosa del passato e quella americana, pratica e moderna e si riflette in tutte le azioni compiute dai personaggi.
Solo cogliendo queste inconciliabili diversità si è in grado di apprezzare in pieno la storia.

V TAPPA La comprensione globale del testo

Competenze
- Cogliere l'argomento di una parte del testo
- Elaborare una sintesi in forma di titolo, scaletta, tabella, schema
- Cogliere e mettere in relazione i vari aspetti di un fenomeno

Questo brano, tratto da un manuale di geografia, affronta un problema di grande attualità: quello della disponibilità di acqua potabile nel mondo. Al testo scritto, in cui le informazioni fondamentali sono evidenziate, è affiancato un cartogramma.
Imparare a cogliere e mettere in relazione i vari aspetti di un fenomeno è di grande aiuto per la sua comprensione e per lo studio.

Mondo sostenibile

La crisi dell'acqua

La disponibilità d'acqua

Circa il **60% delle riserve di acqua dolce** disponibili sul pianeta appartiene a **nove** grandi **paesi**: Brasile, Russia, Cina, Canada, Indonesia, Stati Uniti, India, Colombia, Repubblica Democratica del Congo. La maggior parte è infatti contenuta in alcuni bacini lacustri della Siberia (Russia), nelle regioni dei grandi laghi in Nord America e in Africa centro-orientale, oltre che nei maggiori sistemi fluviali, primo tra tutti quello del Rio delle Amazzoni in Brasile.
La **disponibilità idrica** risulta però quasi ovunque **in diminuzione**, a causa dello spreco delle risorse idriche e dell'inquinamento delle falde. Molti paesi sono ormai incapaci di garantire un approvvigionamento costante, e di buona qualità, a tutti gli abitanti: si è calcolato che, attualmente, **un miliardo** e **quattrocento milioni** di persone nel mondo abbiano **difficoltà ad accedere all'acqua potabile**.
Per aumentare le forniture idriche si può ricorrere per esempio alla **dissalazione** dell'acqua di mare. I migliori risultati possono tuttavia venire dalla **riduzione degli sprechi**. Basti pensare che l'irrigazione, da sola, utilizza il 70% del consumo di acqua dolce e che almeno due terzi di questo quantitativo vanno sprecati. Forti risparmi si possono ottenere impermeabilizzando i canali e diffondendo i moderni sistemi di **irrigazione a goccia**, basati su tubazioni forate che forniscono l'acqua direttamente alle radici. Anche in molti settori industriali si possono diminuire i consumi, soprattutto attraverso il **riciclaggio dell'acqua di raffreddamento** degli impianti. Forti risparmi, infine, si possono realizzare anche **nelle abitazioni**, dove l'acqua viene impiegata in maniera eccessiva negli usi igienici e per innaffiare i giardini.

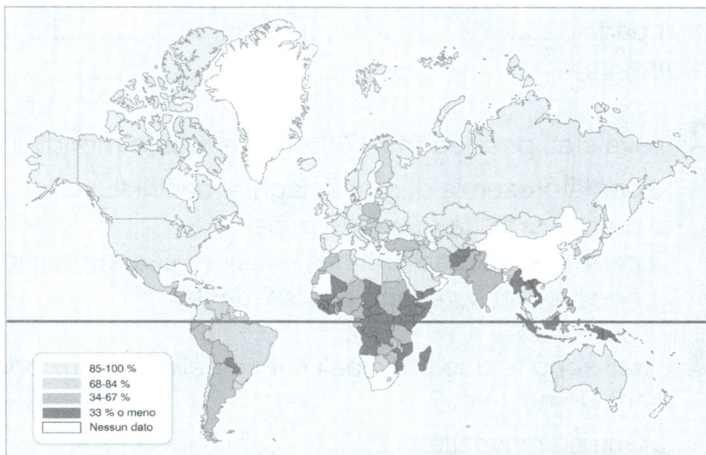

Il planisfero mostra la percentuale di popolazione che ha **libero accesso all'acqua potabile** nelle varie parti del mondo. Il continente con minore disponibilità è quello africano, nonostante una parte di esso si trovi nella fascia equatoriale e quindi con un'altissima piovosità: la rete idrica, assente o male organizzata, raggiunge solo una piccola parte della popolazione.

Il sistema di **irrigazione a goccia** si sta diffondendo rapidamente dove la disponibilità idrica è limitata.

(E. Fedrizzi, A. Della Valentina, *Mondo sostenibile*, Minerva Scuola)

1 In quale dei due emisferi è concentrata la maggior parte dei Paesi in cui la maggioranza degli abitanti ha accesso all'acqua potabile?

....

2 Quale continente soprattutto ha problemi di disponibilità di acqua potabile?

- ❑ Asia
- ❑ Africa
- ❑ Europa
- ❑ America meridionale

3 Quanti sono gli abitanti della Terra che hanno difficoltà ad accedere all'acqua potabile?

....

....

4 Il testo "La disponibilità d'acqua" può essere suddiviso in tre parti: indica sinteticamente di che cosa tratta ciascuna.

I parte ....

II parte ....

III parte ....

5 Nove stati possiedono il 60% delle riserve mondiali di acqua dolce:

- ❑ per la presenza di grandi laghi e bacini fluviali
- ❑ perché si tratta di grandi paesi
- ❑ perché si trovano tutti nell'emisfero settentrionale
- ❑ perché non sprecano risorse idriche

6 Quali sono le due principali cause della diminuzione della disponibilità di acqua potabile elencate nel testo?

- ❑ Scarsa piovosità
- ❑ Inquinamento delle falde
- ❑ Innalzamento dei mari
- ❑ Spreco delle risorse idriche

7 Quali due soluzioni propone il testo per aumentare le forniture idriche?

- ❑ Dissalazione dell'acqua di mare
- ❑ Creazione di pozzi profondi
- ❑ Costruzione di acquedotti
- ❑ Riduzione degli sprechi

8 In quali modi è possibile risparmiare acqua?

a. in agricoltura ....

b. in campo industriale ....

c. nelle abitazioni ....

9 Ora che hai individuato i principali aspetti di questo fenomeno, completa lo schema seguente, operando una sintesi.

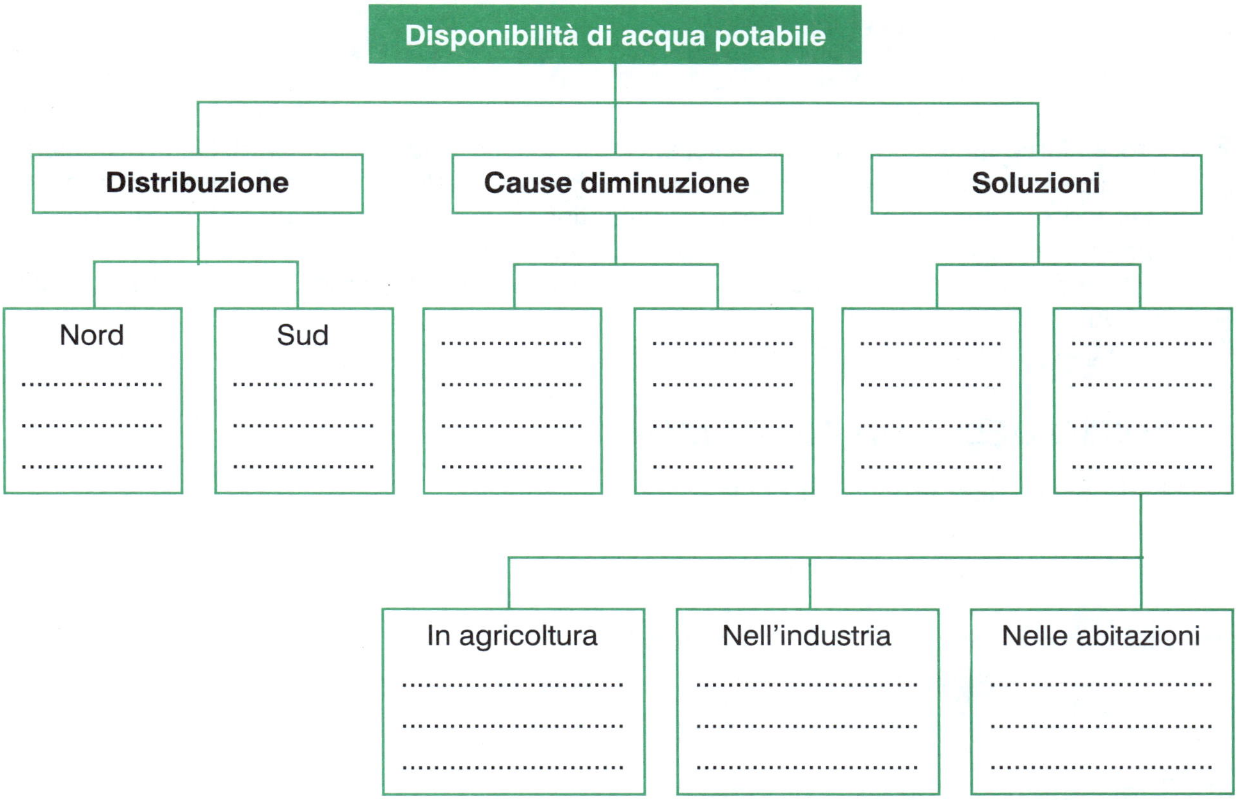

CHE COSA HO IMPARATO

Riassumere in uno schema i vari aspetti di un fenomeno, mettendoli in relazione, è molto utile per ricordare in modo visivamente efficace i vari punti.
È quindi opportuno che ti eserciti a farlo abitualmente, procedendo come in questo caso: raccogliendo in primo luogo gli elementi necessari, per poi sintetizzarli schematicamente.

V TAPPA La comprensione globale del testo

Competenze
- Cogliere l'argomento di una parte del testo
- Produrre parafrasi di testi

Ti proponiamo un testo famoso e difficile: l'inizio della *Divina Commedia* di Dante Alighieri. Difficile perché scritto nel Medio Evo, quando la lingua italiana era molto diversa da quella attuale ed era ancora molto influenzata dal latino, perché scritto in un linguaggio poetico complesso e perché ricco di significati simbolici e metaforici.
È impossibile per chi vi si accosta per la prima volta comprenderlo senza l'aiuto della parafrasi.
Il testo è suddiviso in terzine, di tre versi ciascuna.

L'INIZIO DELLA DIVINA COMMEDIA

I Nel mezzo del cammin di nostra vita
mi ritrovai per una selva oscura
ché la diritta via era smarrita.

II Ahi quanto a dir qual era è cosa dura
esta selva selvaggia e aspra e forte
che nel pensier rinova la paura!

III Tant'è amara che poco è più morte;
ma per trattar del ben ch'i' vi trovai,
dirò de l'altre cose ch'i' v'ho scorte.

IV Io non so ben ridir com'i' v'intrai,
tant'era pien di sonno a quel punto
che la verace via abbandonai.

V Ma poi ch'i' fui al piè d'un colle giunto,
là dove terminava quella valle
che m'avea di paura il cor compunto,

VI guardai in alto, e vidi le sue spalle
vestite già de' raggi del pianeta
che mena dritto altrui per ogne calle.

VII Allor fu la paura un poco queta
che nel lago del cor m'era durata
la notte ch'i' passai con tanta pieta.

VIII E come quei che con lena affannata
uscito fuor del pelago a la riva
si volge a l'acqua perigliosa e guata,

IX così l'animo mio, ch'ancor fuggiva,
si volse a retro a rimirar lo passo
che non lasciò già mai persona viva.

(Dante Alighieri, *La Divina Commedia*, *Inferno*, canto I)

1 Quelle che seguono sono le parafrasi di alcune terzine. Individuale nel testo e scrivi a fianco di ciascuna parafrasi il numero della terzina a cui si riferisce.

a. È talmente tormentosa che la morte lo è poco di più; ma, per trattare di quello di positivo che io vi trovai, dirò delle altre cose che vi ho visto ....
b. e come colui che con il respiro affannoso uscito fuori dal mare, sulla riva, si gira verso l'acqua pericolosa e la fissa ....
c. Ah come è difficile dire come era questa selva selvaggia, aspra e faticosa, tanto che solo a ripensarci la paura si rinnova ....
d. guardai in alto e vidi le sue pendici illuminate già dai raggi del sole, che guida rettamente l'uomo per ogni via ....

III PERCORSO

2 Come puoi vedere, rimangono cinque terzine senza parafrasi. Prova a farla tu, con l'aiuto delle note seguenti. Numera anche le tue parafrasi.

diritta, verace	giusta, corretta
compunto	trafitto
pié	piede, base
lago del cor	interno del cuore
pieta	angoscia
a retro	all'indietro
rimirar	contemplare
passo	passaggio

❑ ....

....
....
....
....

❑ ....

....

....

....

....

❑ ....

....

....

....

....

❑ ....

....

....

....

....

❑ ....

....

....

....

....

CHE COSA HO IMPARATO

Dopo aver terminato le tue parafrasi e averle numerate come le altre, rileggile tutte in ordine.
Certamente questa lettura è ancora molto superficiale, perché per cogliere ciò che Dante vuol dire dovresti avere molte altre conoscenze, soprattutto per comprendere il significato metaforico e filosofico (ad esempio, la selva oscura rappresenta il peccato, la luce del sole la grazia divina) però per poter approfondire questi aspetti il primo passo necessario è quello di ricostruire il significato letterale con una parafrasi accurata. È quanto dovrai sempre fare accostandoti a testi complessi come questo.

VI TAPPA L'interpretazione di un testo: andare oltre la comprensione

Competenze
- Individuare il messaggio, la morale o la tesi di un testo
- Identificare e discriminare fatti e opinioni
- Confrontare informazioni e opinioni e cogliere analogie e differenze fra fonti diverse
- Esprimere le attese sollecitate dal titolo di un testo

Questo breve racconto è tratto da *Il corvo*, un libro scritto su ricordi autobiografici dal maestro Mario Lodi, ambientato durante la seconda guerra mondiale e con riferimenti all'educazione fascista del ventennio precedente.
Un figlio accompagna il padre a caccia nei campi: è il momento per parlare tra loro. E non si parla solo di natura, ma anche di nemici e di morte e si discute con idee contrapposte. E quello che ne emerge è un messaggio forte, che ci deve indurre a riflettere.

LA BESTIA

Il tempo libero, quando non pioveva, mio padre lo passava nei campi, a caccia. E quando io non andavo a scuola, lo accompagnavo. Camminavamo nei campi silenziosi, qualche volta costeggiavamo il fiume in cerca di gallinelle. Io capivo che per il papà stare lontano dalla gente gli faceva bene perché non si arrabbiava.
– In tutte le osterie ci sono spie! – brontolava.
Facevamo parecchie soste e parlavamo di tante cose. Mi raccontava come la biscia d'acqua cattura le rane e me la mostrò acquattata in un fosso; mi spiegava come gli uccelli costruiscono il nido, ognuno con la sua tecnica ingegnosa, ma immutabile; mi mostrava la bellezza dei colori della natura che lui sapeva dipingere a olio così bene: i cieli delle albe e dei tramonti, le piume degli uccelli, i fiori dei campi così piccoli eppur così splendidi.

– Papà – gli chiesi un giorno che aveva ucciso un martin pescatore e ne ammirava le piume – dici che l'uccello è bello e l'hai ammazzato, perché?
– L'uomo è una bestia – mi rispose con tristezza – ha dentro la voglia di uccidere e uccide.
– Io non ce l'ho! – gli dissi.
– Beh, anch'io non ce l'avevo, – mi rispose – mi è venuta quando facevo il garzone di fornaio nel bresciano. Là sono tutti cacciatori specialmente di uccellini, li fanno arrostire allo spiedo e li mangiano con la polenta. "Polenta e oselì". M'invitavano e io ci andavo, come tu vieni con me. Un giorno il mio padrone mi mise in mano il fucile e mi insegnò a sparare. Da allora mi è nata dentro questa cattiva cosa che non posso più scacciare.
– Se ti è venuta, vuol dire che prima non ce l'avevi – gli dissi.
– Ce l'avevo nascosta e me l'hanno tirata fuori – spiegò.
– Io non ce l'ho neanche nascosta! – dissi sicuro.
– Dentro, in fondo, c'è in tutti l'uomo bestia che dorme – disse lui.
– In fondo a me sento che l'uomo bestia non c'è proprio, né sveglio né addormentato! – ribattei.
– Ti verrà. Te lo tireranno fuori, vedrai – disse con voce rassegnata.
Ma io non mollavo: – Se non c'è, come fanno a tirarlo fuori!
– Te lo fanno nascere, – disse amareggiato – io uccido lepri e uccelli, ma tu, quando sarai grande, ho paura che ucciderai uomini.
– Io? – dissi meravigliato – io uccidere uomini? Tu scherzi!
Papà non scherzava. Disse: – Hai otto anni e già maneggi un moschetto [fucile]. Hai una divisa che assomiglia a quella dei soldati. Poi ti diranno che c'è il nemico. E un giorno ti diranno di sparare su quel nemico.
Camminammo per un po' in silenzio, poi gli chiesi: – Papà, perché il nemico è cattivo?
– Quale nemico? Il nemico non c'è – disse con forza. – Quello che chiamiamo così è un povero diavolo come me e te che non ha voglia di far male a nessuno di noi due!
Io non capivo più nulla.
– Ma allora perché si chiama nemico se è buono come noi? – domandai.
Vidi mio padre impacciato. Capivo che voleva spiegare tante cose e non sapeva come fare. Si fermò in mezzo a un campo di erba medica e disse: – Tu sei un Italiano perché sei nato in Italia, un altro si chiama in un altro modo, dimmelo tu un nome.
– Francese – suggerii.
– Ecco: Francese, o Tedesco o Americano o altro. Ma anche lui, se è un ragazzo, ha un padre che lavora per mantenere la famiglia, e una mamma che gli vuole bene, anche lui se non mangia a sufficienza ha fame, anche lui rispetta gli animali. Come te anche lui va a scuola e forse anche a lui insegnano che in un certo posto ci sono dei nemici e uno di quei nemici potresti essere tu.
– Io? Io non sono nemico di nessuno. Sono loro che sono nemici dell'Italia! – esclamai.
– E l'Italia che cos'è? – disse il papà. – Sei tu, sono io e la mamma, gli amici tuoi e miei, la gente che lavora e vuol vivere in pace. Invece ci insegnano che c'è un nemico da ammazzare e quando scoppia la guerra ti mandano ad ammazzarlo.

– Ma io non ci vado!
– Non si può – disse mio padre – se non vai, uccidono te.
– E io uccido loro!
– Loro chi?
– Quelli che mi vogliono mandare alla guerra!
– Vedi? – disse il papà con tristezza – la bestia che dormiva dentro di te si è svegliata.
Io, confuso, stetti zitto e lo seguii pensando.

(Mario Lodi, *Il corvo*, Giunti Marzocco)

1 In base al testo, indica se le seguenti frasi si riferiscono a fatti oppure a opinioni. Metti una crocetta per ogni riga.

		FATTO	OPINIONE
a.	qualche volta costeggiavamo il fiume in cerca di gallinelle	❑	❑
b.	parlavamo di tante cose	❑	❑
c.	mi mise in mano il fucile e mi insegnò a sparare	❑	❑
d.	Dentro, in fondo, c'è in tutti l'uomo bestia che dorme	❑	❑
e.	Il nemico non c'è	❑	❑
f.	Tu sei un Italiano perché sei nato in Italia	❑	❑
g.	stetti zitto e lo seguii pensando	❑	❑

2 Tra le opinioni riportate, individua quelle espresse dal padre e quelle espresse dal figlio.

		PADRE	FIGLIO
a.	stare lontano dalla gente gli faceva bene	❑	❑
b.	In tutte le osterie ci sono spie!	❑	❑
c.	Se ti è venuta, vuol dire che prima non ce l'avevi	❑	❑
d.	In fondo a me sento che l'uomo bestia non c'è proprio	❑	❑
e.	ho paura che ucciderai uomini	❑	❑
f.	Io non sono nemico di nessuno	❑	❑

3 Nel testo il padre afferma che *l'uomo è una bestia* perché:

❑ anche gli esseri umani sono animali
❑ la vendetta può giungere fino alla morte
❑ la storia dell'umanità insegna proprio questo
❑ ha dentro la voglia di uccidere

4 Come motiva il padre la convinzione che da grande il figlio potrebbe uccidere uomini?

❑ Perché gli faranno nascere la voglia di uccidere
❑ Perché avviene naturalmente così
❑ Perché tra uccidere animali e uccidere uomini il passo è breve
❑ Per le idee che il figlio sostiene

5 Tra quelli elencati, quale non è certamente un messaggio del brano che hai letto?

❑ Come noi possiamo considerare nemici altri popoli, questi popoli possono considerare nemici noi
❑ Bisogna impedire che qualcuno possa indurci a uccidere gli altri
❑ In certi casi uccidere altre persone diventa necessario
❑ Qualunque paese è formato da gente che lavora e che vuol vivere in pace

6 Quale di queste idee accomuna padre e figlio?

❑ In ciascuno di noi è presente una bestia che dorme
❑ Il nemico non esiste
❑ Sono gli altri popoli che sono nostri nemici
❑ Non è giusto uccidere uomini

7 Leggendo il titolo del brano, *La bestia*, il tuo primo pensiero sull'argomento del testo è stato:

❑ il mondo animale
❑ un animale specifico
❑ gli esseri umani
❑ una persona in particolare
❑ ....

Il contenuto del testo corrisponde a quanto avevi pensato?

❑ Sì
❑ No
❑ In parte

Giustifica questa tua valutazione. ....

....

CHE COSA HO IMPARATO

Con gli esercizi che hai svolto hai potuto iniziare una riflessione sull'argomento della guerra, che certamente non poteva essere affrontato in tutti i suoi aspetti in così breve spazio. Hai potuto però renderti conto di come possano esserci posizioni diverse e come queste possano essere influenzate non solo da scambi di opinioni, ma anche da avvenimenti della vita o dall'educazione ricevuta.

VI TAPPA

L'interpretazione di un testo: andare oltre la comprensione

Competenze
- Individuare il messaggio, la morale o la tesi di un testo
- Riconoscere le principali caratteristiche dei generi testuali
- Effettuare previsioni sul seguito dei fatti o trarre conclusioni su un'esposizione
- Confrontare informazioni e opinioni e cogliere analogie e differenze fra fonti diverse

Un unico tema, la pubblicità, e due testi molto diversi che si confrontano sull'argomento: uno tratto dal libro *Figlio della pubblicità*, scritto dal francese Jacques Séguéla, famoso negli anni passati per molte campagne pubblicitarie di successo, l'altro dello spagnolo José Agustin Goytisolo, che ha scelto per una sua poesia questo soggetto, davvero insolito per un poeta. Individuando i messaggi dei due brani e ponendoli a confronto, avrai perciò modo di riflettere su un aspetto della vita che ci circonda, un aspetto che va sempre più accrescendo la sua presenza e il suo peso nella nostra società.

LA PUBBLICITÀ È LIBERTÀ

La pubblicità è libertà, ne sono assolutamente convinto. Solo lei, permettendo il pluralismo dei nostri media, garantendo la loro indipendenza economica, ne garantisce l'indipendenza di spirito. La pubblicità ci protegge dall'abuso di potere, sia esso politico o economico. Essa è il solo antidoto contro la propaganda. Senza pubblicità i media sarebbero sequestrati dai vari poteri: ridurre e limitare il tempo delle trasmissioni pubblicitarie vuol dire ridurre l'indipendenza materiale, economica delle televisioni, mettere a repentaglio la loro indipendenza di spirito.
Ogni Stato, sia di destra o di sinistra, deve comprendere che mettere in gabbia l'informazione equivale a murare tutti i propri cittadini condannandoli all'oscurantismo: sarebbe un caso di cecità pubblica.
E noi, cittadini della Comunicazione europea, invece di sparare a zero da ogni parte sulla pubblicità, lasciamole tirare tutte le redini dello spettacolo per la nostra maggior gioia. Lo scrittore è diventato regista. Il pubblico è là, impaziente: attende le nostre capriole per lanciarsi in aria e ritrovare il suo candore giovanile. Il siero del ringiovanimento è proprio il regalo offerto in omaggio da questa società che cominciamo a inventare. Una nuova frontiera si spalanca davanti a noi.
Questa società, voglio credere che saremo noi europei a inventarla. L'immaginazione non nasce per caso, sgorga in profondità dalle esperienze e dalle imprese dei nostri antenati: saranno queste radici del futuro le basi del nostro nuovo pianeta. Mi piace anche sperare che potremo, un giorno, lottare ad armi pari contro la supremazia americana. Gli Stati Uniti, in molti campi, sono più progrediti di noi, ma non dimentichiamo che, appena due secoli fa, ne avevano diciotto di ritardo sulla nostra vecchia Europa e non dimentichiamo neppure che la più bella campagna pubblici-

taria che gli USA abbiano mai inventato è stata fatta da un francese, Bartholdi: è la statua della Libertà.
La società spettacolo, grande videogioco delle nostre vite, avanza sotto l'impulso della pubblicità e ci trascinerà verso altre gioie. Il consumatore diventa spettatore innamorato, esige sogni e risate fino all'ubriacatura. Quanti grammi di detersivo ci sono in una scatola di Woolite? E quanti grammi di sogni?
Il poeta Marcel Jullian mi ha detto d'improvviso in una serata di vagabondaggio: "Essere poeta vuol dire portare gli occhiali colorati".
Esiste forse una migliore definizione della pubblicità?

(Tratto e adattato da Jacques Séguéla, *Figlio della pubblicità*, Lupetti)

LA PUBBLICITÀ

Questo mondo difficile
nel quale oggi si vive
con il dubbio perenne
di non sapere
che marca di sapone è la migliore,
quale squadra di calcio
vincerà il campionato,

questo orrendo frastuono
di tram che propagandano auto
e di auto che propagandano calze,
l'ànsito caldo
dell'aspirapolvere del vicino
che incomincia a ronzare
quando il sonno è più dolce,
il latrato
dei cani di lusso che saltano sulle poltrone,

infine tutta questa orribile
confusione di cartelli e di strilli,
il pandemonio pazzo
di cui alcuni vivono
senza lasciar vivere gli altri,

deve finire, finirà di cadere
come il muro in rovina
di un castello.
Fu opera degli uomini,
per mano degli uomini cadrà.

Però mi dispiace, credetemi,
perdermi lo spettacolo,
affascinante e schietto,
di vedere il mondo
senza la sua mano di belletto
e di colori maligni,
senza calendari pieni di femmine
che mostrano le gambe
per annunciare
una marca di anice, un frigorifero,
e un nuovo meccanismo,
e ascoltare ancora
parole riscattate,
voci allegre, familiari, libere
che non sembrino annunciatori
o andare a passeggio per i campi
senza imbattersi
nei cartelloni della coca-cola
appesi alle muraglie
di una casetta al bordo del sentiero.

(José Agustin Goytisolo, *Prediche al vento*, Guanda)

1 Qual è la funzione prevalente nel testo di Séguéla?

❑ Espositiva
❑ Informativa
❑ Argomentativa
❑ Narrativa

E a quale altro genere appartiene il testo di Goytisolo? ....

2 Ritrova nel testo le motivazioni portate da Séguéla per avvalorare le sue affermazioni.

AFFERMAZIONE	MOTIVAZIONE
La pubblicità è libertà	
La pubblicità è il solo antidoto contro la propaganda	
L'immaginazione non nasce per caso	

3 Secondo Séguéla dove verrà condotta la società dall'impulso della pubblicità?

❑ Verso un futuro più povero e triste
❑ Verso nuove gioie, ricche di sogni e risate
❑ Verso la ripetizione continua delle stesse reclame
❑ Verso un periodo di oscurantismo

4 Quale di questi versi esprime meglio quello che Goytisolo spera avvenga in futuro del mondo della pubblicità?

❑ Con il dubbio perenne di non sapere (vv. 3-4)
❑ Tutta questa orribile confusione di cartelli e di strilli (vv. 17-18)
❑ Deve finire, finirà di cadere (v. 22)
❑ Però mi dispiace, credetemi (v. 27)

5 Perché, secondo Goytisolo, il mondo della pubblicità *per mano degli uomini cadrà*, come scrive in un verso della poesia?

....
....
....
....

Sono scritte altre motivazioni esplicite che giustifichino la sua idea della pubblicità? ....
Perché, a tuo parere? ....
....
....
....
....
....

IV PERCORSO

6 Tra le frasi elencate, indica quali sintetizzano messaggi presenti nei due testi che hai esaminato.

		SÉGUÉLA	GOYTISOLO
a.	dalla pubblicità non possiamo che avere conseguenze positive	❑	❑
b.	la pubblicità è qualcosa di orribile	❑	❑
c.	senza pubblicità saremmo più tristi	❑	❑
d.	senza la pubblicità, ne sentiremmo la mancanza	❑	❑
e.	la pubblicità ci permette di essere più liberi	❑	❑
f.	la pubblicità dipende dagli uomini	❑	❑

7 E tu che cosa prevedi? A tuo parere la diffusione sempre maggiore della pubblicità in ogni settore:

❑ ci renderà sempre più liberi
❑ permetterà di vivere meglio
❑ porterà maggiori illusioni
❑ ci creerà sempre maggiore dipendenza

Spiega il perché della tua scelta. ....

....

....

....

CHE COSA HO IMPARATO

Esaminando due testi che trattano lo stesso tema, hai potuto analizzarne meglio le differenze: sia per quanto riguarda il contenuto che per quanto riguarda il genere. Hai potuto accorgerti di come la scelta di un genere piuttosto di un altro abbia conseguenze non soltanto sullo stile, ma anche sul modo di affrontare un argomento. Da tutti e due i testi traspare comunque il pensiero dell'autore: hai potuto confrontare le loro opinioni e le loro previsioni, contribuendo a formarti così un'idea tua sull'argomento.

VI TAPPA L'interpretazione di un testo: andare oltre la comprensione

Competenze
- Identificare e discriminare fatti e opinioni
- Analizzare gli elementi grafici di un testo
- Esprimere le attese sollecitate dal titolo di un testo
- Effettuare previsioni sul seguito dei fatti o trarre conclusioni su un'esposizione

Il brano che segue è tratto da un libro della famosa scrittrice di romanzi gialli Agata Christie, intitolato *Non c'è più scampo*. Esaminalo distinguendo gli avvenimenti dalle opinioni espresse dai personaggi e ponendo particolare attenzione alla scelta dei caratteri tipografici.

UN MARITO... DALL'ALDILÀ?

«...Mio marito era stato ucciso al fronte. E io ricevetti moltissime manifestazioni di simpatia, come vedova di guerra». [...]

«Poi... mi innamorai di un giovane... stavo per decidermi... Allora capitò una cosa spaventosa! Ricevetti una lettera anonima, *da Federico*, il quale mi diceva che se avessi sposato un altro uomo mi avrebbe uccisa».

«Federico? Il suo defunto marito?». «Sì. Sulle prime, naturalmente, credetti di sognare, o di essere pazza... Lo stesso fatto si rinnovò più di una volta... Sempre, quando la mia amicizia con un uomo si faceva troppo stretta, io ricevevo una lettera minatoria». [...]

«Non c'è molto altro da dire. Tre anni fa conobbi Eric. Avevo deciso di non rimaritarmi più, ma egli riuscì a farmi cambiare parere. Subito dopo il nostro fidanzamento, io cominciai ad aspettare la solita lettera. Non giunse. Allora mi convinsi che il mio persecutore fosse morto, o stanco del suo gioco crudele. Due giorni dopo il matrimonio ricevetti questa».

IV PERCORSO

Ella aperse uno scrignetto che stava sul tavolino, ne trasse una lettera e me la porse. L'inchiostro era leggermente sbiadito, la calligrafia slanciata, un po' femminea quasi.

Hai disobbedito. Non c'è più scampo.

Tu devi rimanere soltanto la moglie di Federico Bosler!

Devi morire!

«Rimasi molto spaventata, ma non come lo sarei stata una volta. La vicinanza di Eric mi dava una tale sicurezza! Un mese dopo mi giunse una seconda lettera. Questa».

Non ho dimenticato. Sto facendo i miei piani.

Devi morire; non c'è più scampo per te: perché hai disobbedito?

Tacque un momento, poi continuò:

«Pochi giorni dopo aver ricevuto la seconda lettera sfuggimmo per miracolo alla morte per asfissia. Qualcuno era entrato nel nostro appartamento mentre dormivamo e aveva aperto il gas. Fortunatamente mi svegliai in tempo. Ma ormai non ne potevo più. Dissi a Eric che da anni ero perseguitata da quel pazzo che aveva davvero intenzione di uccidermi. Per la prima volta, forse, cominciai a pensare davvero a Federico. Eric si mostrò meno allarmato di me. Decidemmo che io l'avrei accompagnato qui e che d'estate, anziché tornare in America, sarei rimasta a Londra o a Parigi.

Così facemmo e tutto andò bene. Mi credetti al sicuro. Dopo tutto, avevamo messo mezzo mondo fra noi e il nostro nemico. Ed ecco, una settimana fa, ricevetti una lettera...».

Mi porse una terza lettera:

Credevi di potermi sfuggire. T'inganni. Non c'è più scampo per te. Mi hai tradito e devi morire. Presto la morte ti raggiungerà.

«E, una settimana fa, questo. Proprio qui, su questo tavolo. E non era giunto con la posta...».

Presi il foglio che mi porgeva. Due sole parole vi erano scritte:

Sono arrivato.

(Agatha Christie, *Non c'è più scampo*, Mondadori)

1 Le parole *da Federico* sono scritte in corsivo. Per quale motivo secondo te?

....

....

2 In quali occasioni nel testo compaiono altri quattro periodi scritti in corsivo?

....

....

3 Indica quali tra le seguenti frasi descrivono un avvenimento e quali le opinioni di un personaggio.

		AVVENIMENTO	OPINIONE
a.	Mio marito era stato ucciso al fronte	❑	❑
b.	Ricevetti una lettera anonima	❑	❑
c.	Credetti di sognare	❑	❑
d.	Tre anni fa conobbi Eric	❑	❑
e.	Mi credetti al sicuro	❑	❑
f.	Mi convinsi che il mio persecutore fosse morto	❑	❑
g.	L'inchiostro era leggermente sbiadito	❑	❑
h.	Proprio qui, su questo tavolo	❑	❑

4 L'uso del corsivo all'interno di questo racconto serve a:

❑ sottolineare o distinguere
❑ correggere o aggiungere
❑ minimizzare o negare
❑ esprimere il discorso diretto

5 Dal titolo del brano e da quanto hai letto, nel seguito della vicenda ti aspetteresti:

❑ che in realtà il marito non sia morto
❑ che qualcuno sfrutti il marito morto per suoi loschi affari
❑ che si introduca un altro personaggio per una storia di gelosia
❑ niente di tutto questo

Motiva il perché della tua scelta. ....
....
....
....
....

CHE COSA HO IMPARATO

L'uso del corsivo, del grassetto e di altri caratteri che evidenziano una parte del testo non è mai casuale ed ha sempre un significato.
È perciò importante imparare a dare anche a queste indicazioni il giusto rilievo e la corretta collocazione nella storia o nell'esposizione.

VI TAPPA L'interpretazione di un testo: andare oltre la comprensione

Competenze
- Individuare il messaggio, la morale o la tesi di un testo
- Identificare e discriminare fatti e opinioni
- Riconoscere le principali caratteristiche dei generi testuali
- Confrontare informazioni e opinioni e cogliere analogie e differenze fra fonti diverse
- Riconoscere il registro linguistico di un autore

Troverai qui una lettera scritta per gli studenti da Cesare Segre, docente universitario e studioso di linguistica, che richiama a un impegno scolastico serio per un inserimento nella società da cittadini responsabili, e un messaggio di posta elettronica molto più confidenziale, di un padre al figlio che sta per iniziare l'ultimo anno della scuola media.
Leggili con attenzione non solo per confrontarne il contenuto, ma anche per osservarne le caratteristiche stilistiche diverse.

LETTERA APERTA: CARI STUDENTI, TRA I BANCHI IMPARATE LA RICCHEZZA DELLE DIFFERENZE

Cari studenti,
anche se dirlo non pare più di moda, l'inizio dell'anno scolastico è sempre un evento importante nella vostra vita. Vi auguro che sia per voi molto felice. Voi entrate, o rientrate, in quella "società degli studi" che, secondo un progetto messo a punto nel corso dei secoli, dovrebbe fornirvi le conoscenze che vi saranno utili nella vita. [...] Perché le nuove conoscenze entrino nelle nostre teste, è necessario un impegno, dunque uno sforzo; solo poi, una volta assimilate queste conoscenze, sentiamo il sollievo, anzi la gioia di chi ha fatto una conquista. Se ci pensate bene, sforzo e sollievo sono analoghi a quelli di chi esercita uno sport: eliminarli sarebbe come offuscare la realtà dello sport. Notate poi che l'allenamento aumenta la capacità di allargare il nostro orizzonte, sinché apprendere diventa quasi un'abitudine.
Da oggi, voi farete parte di classi in cui incomincerete a esercitare l'arte della convivenza sociale: i rapporti con gli altri studenti, con i docenti, con le autorità scolastiche, sono un piccolo modello di Stato. Vi accorgerete che seguendo i principi della giustizia, e magari della carità, questi rapporti si rivelano scorrevoli; e l'impegno comune (insegnamento e apprendimento) li garantisce. Non incominciate nemmeno per leggerezza a praticare la prepotenza, peggio se in gruppo. La parola vigliaccheria, parente di vergogna, dovrebbe farvi detestare qualunque cedimento a questa tentazione, anche perché questi cedimenti vi priverebbero moralmente dei vostri diritti entro la comunità. Quanto poi alla furbizia, ricordatevi che è l'arma dei deboli, lasciatela perdere.
Soprattutto se siete in una scuola di Stato, constaterete differenze di opinione tra i docenti. È una grande ricchezza. Perché potrete riflettere su queste differenze, e farvi un'opinione personale. Da tutti si può imparare; nessuno va condannato

per le sue idee. Tenete presente che lo spirito critico vi mette al sicuro dagli impostori grandi e piccoli, che ci insidiano tutti. E ricordatevi che anche i mass media, preziosa fonte di notizie e spettacoli e modi d'essere, vanno sempre, dico sempre, sottoposti a verifica, facile per chi è un po' scaltrito. Utilizziamo tutti Internet; ma dobbiamo renderci conto che qualunque dato o notizia che fornisce è soggetto a errori o mistificazioni, e va controllato.[...]

(Cesare Segre, in "Corriere della Sera", 12 settembre 2011)

DA PADRE A FIGLIO

Caro Riccio,
so che oggi per te non è un giorno come gli altri: le riprese costano sempre fatica, soprattutto se qualcuno ama molto lo sport, la natura e il divertimento! Ci mancherebbe altro... le giornate al mare, il campeggio con gli scout, le feste con gli amici e le amiche... già ha poi risposto alla mail quello schianto (lo hai detto tu!!) che hai conosciuto al mare? Beh in fondo sono affari tuoi... scusa per l'intrusione...
Ma ti ho scritto per un altro motivo: oggi è il 12 settembre e dalle vostre parti riprende la scuola... non voglio farti prediche... mi basta sapere che ti ricordi qualche parola chiave: impegno, tolleranza, collaborazione... Lo so sono parole vecchie, ma io conosco queste, poi tu potrai dire "farsi un mazzo così", "non menare i compagni", "dare una mano a..." La sostanza più o meno è quella.
Sei in gamba! Un abbraccione, spero proprio di tornare presto!

Papà

P.S. è inutile che continui a insistere che le mail non si scrivono con questo stile, ma a me vengono solo così!

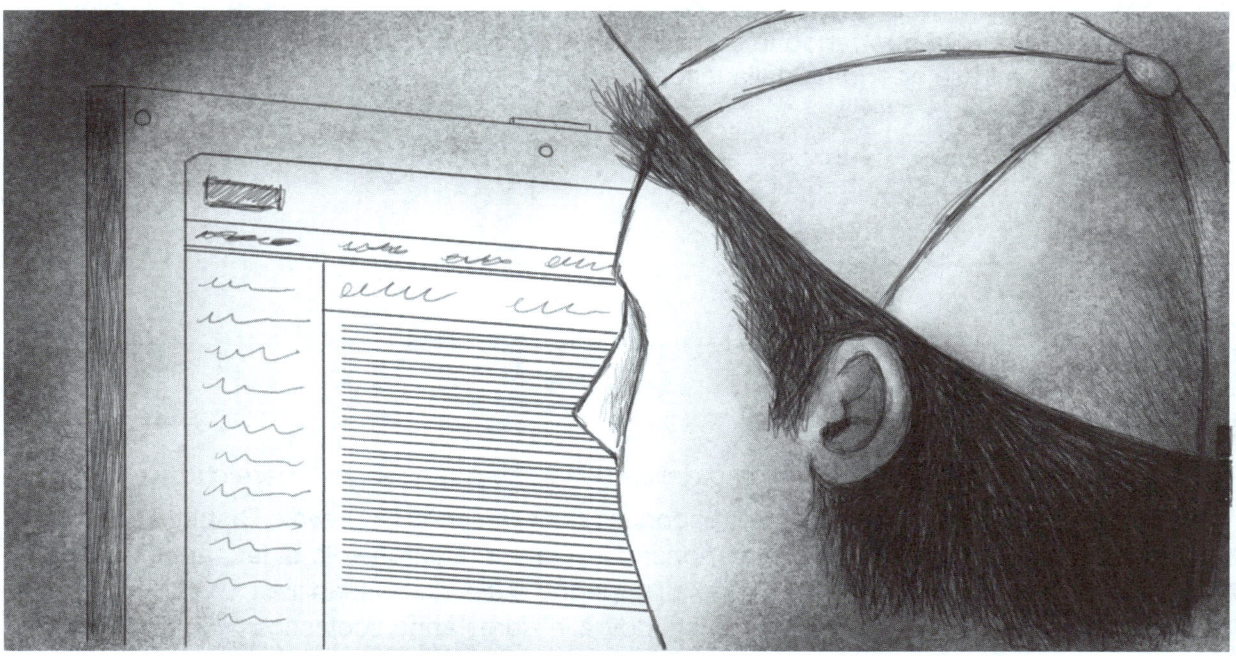

IV PERCORSO

1 Rispondi brevemente alle domande per mettere a confronto i due testi che stai esaminando.

- ❑ La prima è una ....
- ❑ La seconda è una ....
- ❑ La prima si rivolge a ....
- ❑ La seconda si rivolge a ....
- ❑ Per la prima il canale usato è ....
- ❑ Per la seconda il canale usato è ....

2 Per quale motivo le due lettere sono scritte nello stesso giorno?

....
....
....

3 A quali avvenimenti estivi si riferisce il papà nella sua lettera al figlio?

a. ....
b. ....
c. ....
d. ....

Quale commento aggiunge il padre a proposito dell'ultimo? ....
....
....
....

4 Considera le tre parole che il papà ricorda a Riccio: le trovi elencate nella prima colonna. Completa la tabella riportando le corrispondenti parole che userebbe il figlio; ricopia per ciascuna una frase adeguata dalla lettera del prof. Segre.

	LE PAROLE DEL PAPÀ DI RICCIO	CON QUALI ESPRESSIONI LE TRADURREBBE RICCIO	UNA FRASE CORRISPONDENTE NELLA LETTERA APERTA DEL PROF. SEGRE
a.	impegno		
b.	tolleranza		
c.	collaborazione		

5 L'esame complessivo del significato delle due lettere porta a concludere che:

- ❑ soltanto la prima invita a essere responsabili, nella seconda prevale l'aspetto affettivo
- ❑ soltanto la seconda invita alla responsabilità, la prima cerca solo di far capire le cose
- ❑ sostanzialmente invitano ambedue all'impegno e alla responsabilità
- ❑ in ambedue prevale l'affetto verso chi dovrà iniziare l'anno scolastico

6 Per quali motivi il prof. Segre definisce *una ricchezza* le differenze di opinioni tra i docenti?

....

....

7 Il prof. Segre scrive anche: *Tenete presente che lo spirito critico vi mette al sicuro dagli impostori grandi e piccoli, che ci insidiano tutti*. L'espressione *spirito critico* fa riferimento alla necessità:

- ❑ di non accettare mai opinioni differenti da quelle che riteniamo giuste
- ❑ di criticare qualunque affermazione sentiamo
- ❑ di essere in grado di riconoscere e valutare qualunque opinione
- ❑ di non accettare mai le opinioni altrui

8 Già a una prima lettura avrai notato come lo stile delle due lettere sia molto diverso. Un esame più attento ti permetterà, attraverso la tabella, di individuarne i motivi.

		LETTERA DI SEGRE	LETTERA A RICCIO
a.	Presenza di espressioni del gergo giovanile	❑	❑
b.	Uso di termini poco usati comunemente	❑	❑
c.	Uso di frasi lunghe e complesse	❑	❑
d.	Forma agile poco curata	❑	❑
e.	Abbondanza di puntini di sospensione	❑	❑
f.	Uso di punti esclamativi	❑	❑
g.	Assenza di puntini e di punti esclamativi	❑	❑

9 Tra gli aggettivi elencati scegli quelli che ti sembrano più adatti per definire lo stile delle due lettere:

confidenziale informale formale pubblica affettuosa educata curata personale

- ❑ lettera di Segre ....
- ❑ lettera a Riccio ....

CHE COSA HO IMPARATO

Poter mettere a confronto due testi diversi è un esercizio utile per allenare il nostro occhio e il nostro spirito critico a cogliere somiglianze e differenze. Ad esempio, l'esame di questi due testi ti ha aiutato a rilevare:

- la necessità di individuare le opinioni di chi comunica
- le differenze o le analogie nelle opinioni delle persone
- le caratteristiche di un genere
- le differenze nelle scelte stilistiche di chi scrive.

VII TAPPA La valutazione di un testo: esprimere un giudizio

Competenze

- Valutare il contenuto di un testo sulla base della propria esperienza diretta e/o delle proprie conoscenze
- Valutare l'utilità e la chiarezza di elementi grafici e/o iconografici
- Valutare l'efficacia comunicativa di un testo nel suo complesso
- Esprimere in sintesi un giudizio critico-valutativo motivato

Anche un testo che propone istruzioni su un acquisto o indicazioni utili per usare strumenti a disposizione di tutti non sempre è di facile lettura e richiede comunque di essere esaminato con attenzione. Qui ti presentiamo alcune indicazioni su quel che occorre sapere nel collegarsi ai siti internet per una ricerca. Sicuramente potrai far riferimento alla tua esperienza, valutando così non soltanto la bontà dei consigli, ma anche la chiarezza e l'efficacia del testo.

VALUTARE UNA PAGINA WEB

Proponiamo qui una lista di criteri per la valutazione di una pagina web. In base alle proprie esigenze, conoscenze o sensibilità l'utente potrà scegliere se seguire tutte o alcune di queste indicazioni.

1) <u>Prima di accedere a una pagina web</u>, nell'elenco prodotto da un motore di ricerca, leggere il titolo e l'indirizzo del sito (l'URL) della pagina.
   - Il titolo contiene il nome di una persona, di un'istituzione, un'università, un'azienda o quant'altro?
   - Chi pubblica la pagina? Si tratta di un'istituzione, un'università, una casa editrice, una persona, un provider [chi fornisce il collegamento] commerciale? Cosa ci dice questo nome?
   - Il dominio ci dice qualcosa sul tipo di organizzazione? Per esempio:
     .com = commerciale
     .edu = istituzione educativa
     .gov = ente governativo
     .info = informazione
     .org = organizzazione no profit
     oppure sulla provenienza geografica? Per esempio:
     .it = Italia
     .de = Germania
     .fr = Francia
     .uk = Gran Bretagna

2) <u>Una volta entrati nel sito</u>:
   - Controllare se ci sono dei collegamenti (link) a pagine con titoli che forniscono informazioni sugli autori del sito, come «Chi siamo», «about us», «biogra-

IV PERCORSO

phy», «?», «Notizie su di me», «La nostra storia» o simili, oppure alla home page. Se mancano questi collegamenti, provare ad accorciare l'url, eliminando parole e caratteri prima di ogni slash (/) e poi premere «Invio» e controllare se queste informazioni sono su un'altra pagina del sito.
Se è necessario ripetere questa operazione fino all'ultimo slash (per esempio http://www.amicibio.it/corsieb/guide/biologia/ricerche.html).

- Sono riconoscibili l'autore della pagina, l'emittente o il responsabile dei contenuti del sito (individuo, istituzione, organizzazione, azienda)? È autorevole nel suo campo? In base a quello che sappiamo o dalle notizie riportate su di lui nel sito, è qualificato a scrivere su quella materia? Oppure si tratta di un dilettante autoproclamatosi esperto?
- Qual è la funzione del sito? Commerciale, informativa, scientifica, propagandistica, di intrattenimento? Chi sono i destinatari?
- Cercare la data dell'ultimo aggiornamento, in genere in fondo alla pagina. L'assenza di una data, per esempio, rende inservibili eventuali dati statistici riportati. Il mancato aggiornamento, invece, di solito è indice di scarsa cura, cioè del fatto che l'autore non si interessa più del suo sito oppure che lo ha abbandonato. Talvolta, tuttavia, è proprio l'informazione più datata quella che ci è più utile.
- Un'eventuale bibliografia, sitografia o elenco di link riportati sono pertinenti e denotano competenza in materia o conoscenza dell'argomento trattato? I link funzionano?
- Nel caso siano riprodotti dei testi, è citata la provenienza?
- La pagina è scritta in lingua originale oppure è una traduzione? La pagina è consultabile in più lingue?
- Com'è l'usabilità del sito: tempi di caricamento, impatto grafico, strumenti di navigazione e di ricerca interna al sito, facilità della stampa?

(Adattato e ridotto da Gina Maneri, Hellmut Riediger, *Internet nel lavoro editoriale*, Editrice bibliografica)

1 Quali controlli sono suggeriti prima di entrare in una pagina di un sito di internet?

a. ....

b. ....

c. ....

Quale ritieni più utile? ....

Per quale motivo? ....

2 Perché è importante avere informazioni sugli autori del sito della pagina che stiamo consultando?

....

3 Perché è utile sapere se il sito, di cui fa parte la pagina che si sta consultando, svolge funzioni prevalentemente commerciali o di propaganda?

- ❑ Per poter usufruire di altri servizi presenti nel sito
- ❑ Per verificare se in altre pagine sono presentate opinioni diverse sull'argomento

❑ Per valutare con maggiore attenzione la correttezza delle informazioni fornite
❑ Per ignorare completamente le informazioni date

Spiega le ragioni della tua scelta. ....
....
....

4 A tuo parere, nel testo qui riportato, l'organizzazione grafica della pagina:

❑ aiuta a cogliere con immediatezza i diversi aspetti dell'argomento proposto
❑ è sufficientemente chiara nel mostrare i vari punti dell'argomento proposto
❑ aiuta poco a individuare con chiarezza i diversi aspetti dell'argomento proposto
❑ non facilita la lettura per chi vuole conoscere l'argomento proposto

Indica almeno un motivo che giustifichi la tua scelta. ....
....
....

5 Rispetto alla tua esperienza e alle tue conoscenze, la lettura di questo testo:

❑ non ha aggiunto niente di nuovo per le tue ricerche in internet
❑ ha fornito nuove conoscenze, ma che non userai per le ricerche in internet
❑ ti ha fornito ulteriori utili informazioni per le ricerche in internet
❑ ti ha sorpreso e in parte disorientato

Motiva la tua risposta. ....
....
....

6 Dovendo esprimere un giudizio conclusivo, rispetto allo scopo di consigliare i lettori su come saper valutare l'attendibilità e la serietà di una pagina web, questo testo:

❑ raggiunge lo scopo sia per i contenuti sia per come sono presentati
❑ raggiunge lo scopo solo in parte perché i contenuti non sono spiegati nel modo migliore
❑ raggiunge lo scopo solo in parte perché graficamente la presentazione non è chiara
❑ non raggiunge il suo scopo, perché i contenuti sono inadeguati e la presentazione è poco chiara

CHE COSA HO IMPARATO

Per valutare la validità di questo testo hai fatto riferimento a quanto già conoscevi sull'argomento e alla tua esprienza nel mondo del web. Se da una parte hai potuto così giudicarne i contenuti, oltre che la forma grafica, dall'altra hai avuto la possibilità di aprirti ad aspetti e cautele che forse non avevi ancora considerato. Anche questi argomenti hanno contribuito a formare in te un giudizio globale su quanto hai letto.

VII TAPPA La valutazione di un testo: esprimere un giudizio

Competenze
- Valutare il contenuto di un testo sulla base della propria esperienza diretta e/o delle proprie conoscenze
- Valutare l'efficacia comunicativa di un testo nel suo complesso
- Riflettere sulle scelte espressive dell'autore
- Esprimere in sintesi un giudizio critico-valutativo motivato

L'autrice del racconto da cui è tratto questo testo è Doris Lessing, premio Nobel per la letteratura nel 2007, che ha vissuto per molti anni nel Paese africano dello Zimbabwe, all'epoca colonia britannica con il nome di Rhodesia. In questo brano ci descrive quando, ancora ragazza, s'inoltrò in una zona a lei sconosciuta della boscaglia, e delle senzazioni provate in tale occasione. La lettura potrà essere per te un'opportunità per riflettere se ti è mai capitato qualcosa di simile e per valutare il modo in cui la Lessing ha raccontato tutto ciò.

SOLA, NELLA BOSCAGLIA

Mi trovavo in un'ampia, verde vallata, percorsa da un fiumicello scintillante con le rive coperte di giunchi sopra i quali sfrecciavano uccelli acquatici dalla vivace livrea. L'erba era fitta e morbida e mi carezzava le caviglie, gli alberi erano alti e frondosi. Io ero abituata alla nostra tenuta, a quelle centinaia d'acri di terra scabra e corrosa dove gli alberi erano stati tagliati per alimentare le fornaci delle miniere ed erano ricresciuti stenti e contorti, e dove il bestiame pascolando appiattiva l'erba e lasciava sul terreno file irregolari d'orme pesanti che nella stagione delle piogge diventavano solchi profondi.

Qui invece la natura era stata rispettata: qualche prospettore [cercatore d'oro] errabondo aveva forse sferrato qua e là un colpo di piccone contro le rocce, facendone scaturire auree scintille, e forse gli indigeni in transito avevano bruciacchiato qualche tronco d'albero, là dove avevano acceso il fuoco per la notte.

Il silenzio era solenne; si udiva solo il roco tubare delle colombelle; la giornata era calda e l'ombra fitta e profonda, interrotta ogni tanto da una gialla macchia di sole, e in tutta quella vasta e lussureggiante vallata simile a un parco non c'era un essere umano all'infuori di me.

Mentre ascoltavo il battito rapido e regolare di

un picchio sentii ad un tratto uno strano brivido salirmi lungo la schiena e una sorta di formicolio diffondersi per tutto il corpo e poco dopo mi ritrovai completamente gelata e con la pelle d'oca, e al tempo stesso madida di sudore. Ho la febbre?, mi chiesi. Poi mi voltai e mi guardai preoccupata alle spalle e mi resi conto all'improvviso che non era febbre ma paura. Era una sensazione nuova per me, nuova e umiliante. Da tanti anni ormai vagabondavo tutta sola nel *bush* [boscaglia africana] e mai, neppure per un attimo, avevo avuto paura; dapprima perché mi sentivo protetta dal fucile e dai cani, in seguito perché avevo imparato a non temere gli indigeni e anzi a considerarli amici.
Avevo tuttavia letto di come spesso succeda che l'immensità e il silenzio dell'Africa, sotto il suo antico sole, appaiano opprimenti e minacciosi, al punto che persino il canto degli uccelli acquista un suono lugubre e gli alberi e le rocce sembrano emanare messaggi di morte. E infatti, quasi senza rendermene conto, cominciai ad avanzare con cautela, come se temessi di disturbare con i miei passi qualche antico sinistro spirito, qualche cupo spettro, enorme e ostile, che avrebbe potuto risvegliarsi all'improvviso e colpirmi alle spalle. Guardavo i cespugli fitti e intricati e immaginavo che vi si nascondesse qualche belva in agguato. Guardavo il fiume placido che scendeva a cascatelle e si allargava in grandi pozze dove la notte venivano ad abbeverarsi le antilopi e vedevo i coccodrilli emergere all'improvviso, afferrarle per il muso morbido e umido e trascinarle con sé nelle loro oscure grotte subacquee.
Ero prigioniera della paura. Mi resi conto che per timore di quella misteriosa e minacciosa entità della quale percepivo la presenza alle mie spalle, e che avrebbe potuto in qualsiasi momento raggiungermi e portarmi via, continuavo a girare in tondo. La catena di *kopje* [piccoli rilievi montuosi], che ora vedevo da un angolo diverso, sembrava mutare aspetto ad ogni passo, e così pure l'alta montagna che aveva sempre dominato come una sentinella il paesaggio a me noto e della quale m'ero sempre servita come punto di riferimento: ora alle sue pendici s'apriva un'ignota valle assolata. Non sapevo più dove fossi. M'ero smarrita. Mi lasciai vincere dal panico e mi affrettai a ritornare sui miei passi cercando di riconoscere questo o quell'albero e di orientarmi secondo la posizione del sole, che sembrava essersi abbassato sull'orizzonte e diffondeva una luce gialla e malinconica, come se stesse per tramontare. Da quanto tempo ero lì? Consultai l'orologio e scopersi che il mio insensato terrore non durava da più di dieci minuti.
Il fatto è che era davvero insensato. Non ero neanche a dieci miglia da casa: non avevo che da ripercorrere il sentiero lungo la valle e avrei subito ritrovato il recinto del nostro confine; laggiù, ai piedi delle *kopje*, scintillava il tetto della casa d'un vicino, che avrei potuto raggiungere in un paio d'ore. La mia era la stessa paura che la notte aggriccia [arriccia] la pelle ai cani e li induce ad ululare contro la luna piena. Non aveva alcun rapporto con i miei pensieri o i miei sentimenti; e più che il malessere fisico in sé mi disturbava l'idea d'essermene lasciata sopraffare. Cercai perciò di calmarmi e ripresi a camminare con passo sicuro, ridendo di me stessa ogni volta che mi sorprendevo a trattenere il respiro o a gettare all'intorno occhiate guardinghe.

(Doris Lessing, *Racconti africani*, Feltrinelli)

1 Riporta qui gli aggettivi delle prime tre righe di testo che descrivono l'ambiente circostante.

....

....

....

Come si può definire la natura descritta in queste righe?

❑ Tetra e triste
❑ Sconosciuta e misteriosa
❑ Piacevole e serena
❑ Ostile e minacciosa

2 Quando la protagonista incomincia a sentire fisicamente una sensazione di disagio?

❑ Quando si guarda preoccupata alle spalle
❑ Quando si rende conto che continua a girare in tondo
❑ Quando ascolta il rumore regolare di un picchio
❑ Quando il sole si abbassa all'orizzonte

3 E quando si rende conto che non si tratta di febbre?

....

....

4 Sottolinea nel testo tutte le frasi in cui l'autrice fa riferimento alla paura. Poi riporta qui quelle dove le parole *paura*, *panico* o *terrore* sono citate esplicitamente e si riferiscono direttamente ai momenti che la protagonista sta vivendo.

a. ....

....

b. ....

....

c. ....

....

d. ....

....

e. ....

....

5 La descrizione che Doris Lessing fa del suo inoltrarsi nel *bush*:

❑ non ha alcuna relazione con la paura che prova
❑ ha qualche indeterminata relazione con la paura che prova
❑ ha una corrispondenza nel diminuire graduale della paura
❑ ha una corrispondenza nel crescendo della paura

6 Ti sembra che la descrizione della scrittrice abbia somiglianze con qualche tua esperienza di paura?

❑ Sì ❑ No ❑ In parte

Motiva la tua risposta con esempi tratti dal brano che hai letto.

7 A tuo parere la scrittrice:

❑ voleva collegare i suoi sentimenti con la natura che la circonda e c'è riuscita

❑ voleva collegare i suoi sentimenti con la natura che la circonda, ma c'è riuscita solo in parte

❑ voleva collegare i suoi sentimenti con la natura che la circonda e non c'è riuscita

❑ non voleva collegare i suoi sentimenti con la natura che la circonda

Spiega le ragioni della tua scelta.

8 Scrivi un tuo parere sintetico su questo testo:

– per quanto riguarda il contenuto del brano:

– per quanto riguarda il modo in cui è scritto:

CHE COSA HO IMPARATO

Anche i critici letterari non sempre sono d'accordo nel valutare l'opera di uno scrittore nei suoi diversi aspetti, di contenuto e di stile. A maggior ragione può avere delle difficoltà chi è un lettore occasionale o chi, come te, sta ancora studiando. Nonostante questo è importante, poco alla volta, formarsi una capacità di giudizio ed è questo ciò che gli esercizi che hai svolto si proponevano di aiutarti a fare.

VII TAPPA La valutazione di un testo: esprimere un giudizio

Competenze
- Valutare l'efficacia comunicativa di un testo nel suo complesso
- Riflettere sulle scelte espressive dell'autore
- Esprimere in sintesi un giudizio critico-valutativo motivato

Riflettere sulle scelte espressive di un autore e valutarle è più facile se si mettono a confronto più testi, facendo emergere somiglianze e differenze. Per questo motivo ti proponiamo due testi di due umoristi diversi, chiedendoti prima di esaminarli separatamente, poi di confrontarli. Il primo brano è tratto da *Tre uomini in barca* dello scrittore inglese Jerome K. Jerome, il secondo dal libro *50 scontri col signor Veneranda* di Carlo Manzoni.

PREVISIONI DEL TEMPO

Io penso veramente che fra tutte le sciocche e irritanti mistificazioni dalle quali siamo afflitti, la frode delle "previsioni del tempo" sia la più odiosa. Con una precisione incredibile, pronosticano invariabilmente quel che è accaduto uno o due giorni prima e altrettanto invariabilmente il contrario di ciò che accadrà nella giornata.
Ricordo che una mia vacanza autunnale fu completamente rovinata perché io e i miei compagni prestammo fede al bollettino meteorologico del giornale locale. «Piogge a carattere temporalesco previste per oggi », diceva il bollettino del lunedì; rinunciammo alla merenda in campagna e restammo in casa tutto il giorno aspettando la pioggia. La gente, stipata su ogni sorta di veicoli, passava giuliva davanti alla nostra casa. Il sole era radioso e non si vedeva una nuvola.
– Ah, ah! – dicevamo noi guardando fuori dalla finestra, – ritorneranno a casa tutti inzuppati. – E ridevamo pensando all'acquazzone che li avrebbe sorpresi, e attizzavamo il fuoco e tiravamo fuori i libri o riordinavamo le nostre raccolte di alghe e di conchiglie.

A mezzogiorno, col sole che invadeva la stanza, il caldo divenne opprimente, e noi cominciammo a domandarci quando sarebbero cominciate le piogge a carattere temporalesco.
– Ah, verranno nel pomeriggio, vedrete, – ci dicevamo a vicenda.
– Oh, come si bagnerà quella gente. Che ridere!
All'una, la padrona di casa venne a domandarci se non uscivamo a far due passi in una giornata così splendida.

IV PERCORSO

– No, no, – rispondemmo, ridacchiando come chi la sa lunga, – noi, no di certo. Noi non abbiamo voglia di inzupparci... no, no.
A pomeriggio inoltrato, non c'era ancora il minimo sintomo di temporale, ma tentammo di rincuorarci pensando che la pioggia sarebbe venuta all'improvviso, proprio quando i gitanti si disponevano a rincasare ed erano ormai lontani da ogni rifugio, cosicché si sarebbero inzuppati peggio che mai. Ma non cadde una sola goccia di pioggia; la giornata terminò con un radioso tramonto e fu seguita da una notte incantevole.
La mattina seguente, il giornale annunciava «tempo bello stabile ; temperatura in aumento » ; indossammo vestiti leggeri e uscimmo, ma ci eravamo messi in cammino da mezz'ora appena, quando cominciò a piovere a dirotto, mentre si alzava un vento gelido; così rimase il tempo per tutta la giornata e noi ritornammo a casa col raffreddore e i reumatismi diffusi, e dovemmo coricarci subito.

(Jerome K. Jerome, *Tre uomini in barca*, Rizzoli)

TUTTI MANGIANO

Il signor Veneranda sedette al ristorante.
– Il signore mangia? – chiese il cameriere al signor Veneranda.
– Certamente – rispose il signor Veneranda.
– Spaghetti al sugo, risotto, minestra in brodo? – chiese il cameriere leggendo la lista.
– Si capisce – disse il signor Veneranda, – anche arrosto di vitello, salame, prosciutto, pesce, ossobuco, filetti, spezzatini, brasato, eccetera. Adesso è inutile che stia qui a farle l'elenco delle cose che mangio. Mi piace quasi tutto.
– Va bene ma... – balbettò il cameriere, stupito, – io vorrei sapere cosa mangia adesso.
– Adesso niente – disse il signor Veneranda. – Ho già mangiato. Di solito mangio prima di mangiare, dopo mangiato non mangio più. Lei mangia anche dopo mangiato?
– No mai... – balbettò il cameriere che non sapeva più cosa dire. – Le ho chiesto se mangia e mi ha detto di sì.
– Ma certo che mangio! – esclamò il signor Veneranda. – Tutti mangiano. Se non mangiassi creperei. Non capisco perché le fa tanto meraviglia il fatto che io mangio.
– Non mi fa meraviglia – disse il cameriere. – Mi fa meraviglia il fatto che lei non mangia.
– Ma se le sto ripetendo che mangio – gridò il signor Veneranda. – Quante volte glielo devo dire?
– Allora cosa vuole? – chiese il cameriere, confuso.
– Niente – disse il signor Veneranda, – assolutamente niente.
– Io non... – balbettò il cameriere che non sapeva cosa dire.
– Be', senta, lasci perdere, – disse il signor Veneranda, – si vede che lei ha voglia di chiacchierare.
E il signor Veneranda si alzò e si allontanò brontolando.

(Carlo Manzoni, *50 scontri col signor Veneranda*, Rizzoli)

1 Su quali due elementi si basa l'umorismo di *Previsioni del tempo*?

❑ Su giochi di parole
❑ Sull'assurdità della situazione
❑ Sul contrasto tra previsioni e realtà
❑ Sul fatto che si tratta di esperienze che possono essere capitate anche a noi

2 Su quali due elementi si basa l'umorismo di *Tutti mangiano*?

❑ Sulle azioni compiute dai personaggi
❑ Sul fatto che i due personaggi non si intendono
❑ Sul fatto che si tratta di esperienze di vita quotidiana
❑ Sul diverso significato dato alle parole

3 Metti ora a confronto gli elementi di comicità dei due brani, inserendoli nella tabella

	PREVISIONI DEL TEMPO	TUTTI MANGIANO
a.		
b.		

Nei due testi gli elementi di comicità sono gli stessi o sono diversi? ....

4 Si tratta, come puoi osservare, di scelte espressive differenti, che generano un umorismo di tipo diverso. Esprimi la tua opinione, valutando quale dei due brani hai preferito e motivando la tua scelta.

....
....
....
....

CHE COSA HO IMPARATO

Di fronte alla comicità non ridiamo tutti allo stesso modo: film, vignette, letture che divertono molto una persona possono lasciare quasi indifferente un'altra. Questo è legato alla nostra personalità o al nostro atteggiamento nei confronti della realtà. Nell'esame di questi testi sei stato aiutato a renderti più consapevole delle scelte espressive degli autori per comprendere meglio quale tipo di comicità ti è più congeniale.

PROVA CUMULATIVA

Competenze

- Identificare l'argomento generale del testo
- Cogliere l'argomento di una parte del testo
- Porre in relazione le caratteristiche dei personaggi con motivazioni, scopi ed eventi
- Elaborare una sintesi in forma di titolo, scaletta, tabella, schema
- Identificare e discriminare fatti e opinioni
- Riconoscere le principali caratteristiche dei generi testuali
- Riconoscere il registro linguistico di un autore
- Valutare l'efficacia comunicativa nel suo complesso

Il testo che segue è tratto dal libro *Un anno sull'Altipiano* dello scrittore Emilio Lussu, che racconta avvenimenti della prima guerra mondiale vissuti dall'autore sulle montagne del Carso. L'episodio riportato ti permetterà non soltanto di delineare la figura del nuovo comandante a cui lui, tenente, dovrà ubbidire, ma soprattutto ti permetterà di farti un'idea di come Lussu abbia vissuto questa esperienza.

IL GENERALE E LA GUERRA

Il tenente generale comandante la divisione, ritenuto responsabile dell'abbandono ingiustificato di Monte Fior, fu silurato. In sua sostituzione, prese il comando della divisione il tenente generale Leone. L'ordine del giorno del comandante di corpo d'armata ce lo presentò «un soldato di provata fermezza e d'esperimentato ardimento». Io lo incontrai la prima volta a Monte Spill, nei pressi del comando di battaglione. Il suo ufficiale d'ordinanza mi disse che egli era il nuovo comandante la divisione ed io mi presentai.
Sull'attenti, io gli davo le novità del battaglione.

III-IV PERCORSO

– Stia comodo, – mi disse il generale in tono corretto e autoritario. – Dove ha fatto la guerra, finora?
– Sempre con la brigata, sul Carso.
– È stato mai ferito?
– No, signor generale.
– Come, lei ha fatto tutta la guerra e non è stato mai ferito? Mai?
– Mai, signor generale. A meno che non si vogliano considerare tali alcune ferite leggere che mi hanno permesso di curarmi al battaglione, senza entrare all'ospedale.
– No, no, io parlo di ferite serie, di ferite gravi.
– Mai, signor generale.
– È molto strano. Come lei mi spiega codesto fatto?
– La ragione precisa mi sfugge, signor generale, ma è certo che io non sono stato mai ferito gravemente.
– Ha preso lei parte a tutti i combattimenti della sua brigata?
– A tutti.
– Ai «gatti neri»?
– Ai «gatti neri».
– Ai «gatti rossi»?
– Ai «gatti rossi », signor generale.
– Molto strano. Per caso, sarebbe lei un timido?
Io pensavo: per mettere a posto un uomo simile, ci vorrebbe per lo meno un generale comandante di corpo d'armata. Siccome io non risposi subito, il generale, sempre grave, mi ripetè la domanda.
– Credo di no, – risposi.
– Lo crede o ne è sicuro?
– In guerra, non si è sicuri di niente, – risposi io dolcemente. E soggiunsi, con un abbozzo di sorriso che voleva essere propiziatorio: – Neppure di essere sicuri.
Il generale non sorrise. Già, credo che per lui fosse impossibile sorridere. Aveva l'elmetto d'acciaio con il sottogola allacciato, il che dava al suo volto un'espressione metallica. La bocca era invisibile, e, se non avesse portato dei baffi, si sarebbe detto un uomo senza labbra. Gli occhi erano grigi e duri, sempre aperti come quelli d'un uccello notturno di rapina.
Il generale cambiò argomento.
– Ama lei la guerra?
Io rimasi esitante. Dovevo o no rispondere alla domanda? Attorno v'erano ufficiali e soldati che sentivano. Mi decisi a rispondere.
– Io ero per la guerra, signor generale, e alla mia Università, rappresentavo il gruppo degli interventisti.
– Questo, – disse il generale con tono terribilmente calmo, – riguarda il passato. Io le chiedo del presente.
– La guerra è una cosa seria, troppo seria ed è difficile dire se... è difficile...

Comunque, io faccio il mio dovere –. E poiché mi fissava insoddisfatto, soggiunsi: – Tutto il mio dovere.

– Io non le ho chiesto, – mi disse il generale, – se lei fa o non fa il suo dovere. In guerra, il dovere lo debbono fare tutti, perché, non facendolo, si corre il rischio di essere fucilati. Lei mi capisce. Io le ho chiesto se lei ama o non ama la guerra.

– Amare la guerra! – esclamai io, un po' scoraggiato. Il generale mi guardava fisso, inesorabile. Le pupille gli si erano fatte più grandi. Io ebbi l'impressione che gli girassero nell'orbita.

– Non può rispondere? – incalzava il generale.

– Ebbene, io ritengo... certo... mi pare di poter dire... di dover ritenere...

Io cercavo una risposta possibile.

– Che cosa ritiene lei, insomma?

– Ritengo, personalmente, voglio dire io, per conto mio, in linea generale, non potrei affermare di prediligere, in modo particolare, la guerra.

– Si metta sull'attenti!

Io ero già sull'attenti.

– Ah, lei è per la pace?

Ora, nella voce del generale, v'erano sorpresa e sdegno.

– Per la pace! Come una donnetta qualsiasi, consacrata alla casa, alla cucina, all'alcova, ai fiori, ai suoi fiori, ai suoi fiorellini! È così, signor tenente?

– No, signor generale.

– E quale pace desidera mai, lei?

– Una pace...

E l'ispirazione mi venne in aiuto.

– Una pace vittoriosa.

Il generale parve rassicurarsi.

(Emilio Lussu, *Un anno sull'Altipiano*, Einaudi)

1 Sottolinea nel testo le parti che ci forniscono indicazioni sul carattere del generale Leone, descrivendone l'aspetto fisico, la voce, gli atteggiamenti.

Dopo averle rilette, elenca di seguito almeno tre aggettivi che possono caratterizzare il generale.

1 ....

2 ....

3 ....

2 Dalle risposte del tenente Lussu al generale puoi ricavare che:

- ❑ Lussu non è mai stato favorevole alla guerra e si è battuto perché l'Italia non intervenisse
- ❑ Lussu era inizialmente favorevole alla guerra ma dopo le esperienze vissute la sua opinione si è modificata
- ❑ Lussu è stato ed è tuttora favorevole alla guerra, che considera un evento positivo
- ❑ Lussu non ha opinioni né a favore né contro la guerra

3 Quale frase pronunciata dal generale è particolarmente significativa del suo atteggiamento nei confronti della pace? Trascrivila di seguito.

....

....

....

....

4 Per quale motivo, secondo te, il generale ordina a Lussu di mettersi sull'attenti anche se è già sull'attenti? (*Si metta sull'attenti! Io ero già sull'attenti.)*

....

....

....

....

5 Secondo te l'espressione *una pace vittoriosa* rispecchia in pieno il pensiero di Lussu oppure è dettata dal desiderio di soddisfare le aspettative del generale?

Motiva la tua risposta.

....

....

....

....

....

....

6 Quale titolo, diverso da quello che è stato dato al brano, giudicheresti adatto a questo testo? Per quale motivo?

Titolo: ....

Motivo della scelta: ....

....

....

....

....

III-IV PERCORSO

7 Elenca quali, tra le seguenti frasi, raccontano un fatto e quali esprimono un'opinione. Metti una crocetta per ogni frase.

		FATTO	OPINIONE
a.	Per mettere a posto un uomo simile ci vorrebbe per lo meno un generale comandante di corpo d'armata	❑	❑
b.	Credo che per lui fosse impossibile sorridere	❑	❑
c.	Attorno v'erano ufficiali e soldati che sentivano	❑	❑
d.	La guerra è una cosa seria, troppo seria	❑	❑
e.	Io le ho chiesto se lei ama o non ama la guerra	❑	❑
f.	Io cercavo una risposta possibile	❑	❑

8 *Un anno sull'Altipiano* è un romanzo autobiografico. Elenca di seguito almeno due elementi dai quali puoi ricavare questa informazione.

....

....

....

9 In questo libro l'autore usa un linguaggio:

❑ enfatico, retorico, ricco di descrizioni complesse, narrate con un linguaggio ricercato
❑ semplice ed essenziale, con una alternanza di dialogo e di brevi descrizioni che aiutano a comprendere la situazione
❑ fantasioso e romanzesco, come se si riferisse a fatti avvenuti in un lontano passato, con descrizioni volutamente vaghe
❑ distaccato e critico, trattandosi di fatti successi ad altre persone

10 Alla domanda del generale *Ama lei la guerra?*, Lussu non risponde direttamente. Ritieni comunque che si possa comprendere ugualmente il suo pensiero?

❑ Sì
❑ No
❑ In parte

Motiva sulla base di quali elementi ha dato questa risposta. ....

....

....

Prove INVALSI

Dopo esserti esercitato ad approfondire attraverso i quattro percorsi che ti abbiamo proposto le diverse competenze necessarie a un buon lettore, prova ad applicarle ai testi che seguono.
Sia la lunghezza dei brani che il tipo e il numero di esercizi corrispondono a quelli delle prove INVALSI (Istituto Nazionale per la Valutazione del Sistema educativo d'Istruzione e di formazione) che rilevano su tutto il territorio italiano le competenze degli studenti.
Come nelle prove INVALSI, anche qui troverai al termine un test di grammatica.
Ti diamo di seguito le istruzioni che vengono fornite per la compilazione di queste prove.

Istruzioni

La prova è divisa in due parti.
Nella prima parte dovrai leggere alcuni testi e poi rispondere alle domande che li seguono. Nella maggior parte dei casi le domande hanno già le risposte, quattro, e tra queste tu dovrai scegliere quella che ritieni giusta (una sola), facendo una crocetta sul quadratino vicino ad essa, come nell'esempio seguente:

Esempio 1

Qual è la capitale dell'Italia?

- ☐ A. Venezia
- ☐ B. Napoli
- ☒ C. Roma
- ☐ D. Firenze

In qualche caso, però, per rispondere dovrai mettere una crocetta per ogni riga di una tabella, oppure dovrai scrivere tu la risposta alla domanda, come nei due esempi che seguono:

Esempio 2

In base al testo che hai letto, quali sono le caratteristiche del protagonista del racconto?
Metti una crocetta per ogni riga.

		Sì	No
a)	È coraggioso	☒	☐
b)	È timido	☐	☒
c)	Ama lo studio	☐	☒
d)	Gli piace giocare	☒	☐
e)	Non sa mentire	☒	☐

Esempio 3

Chi è il protagonista del racconto che hai letto? ......Enrico......

Se ti accorgi di aver sbagliato, puoi correggere: devi scrivere NÒ vicino alla risposta sbagliata e mettere una crocetta nel quadratino accanto alla risposta che ritieni giusta, come nell'esempio che segue:

Esempio 4

In quale continente si trova l'Italia?

☐ A. In America
NO ☒ B. In Asia
☐ C. In Africa
☒ D. In Europa

Nella seconda parte della prova dovrai rispondere ad alcune domande di grammatica. Anche qui in qualche caso dovrai scegliere la risposta giusta fra quelle date, in altri scriverla tu stesso.
Leggi sempre con molta attenzione le domande e le istruzioni su come rispondere.
Per svolgere l'intera prova avrai in tutto un'ora e quindici minuti (75 minuti) di tempo.
NON GIRARE LA PAGINA FINCHÉ NON TI SARÀ DETTO DI FARLO!

PRIMO TESTO

Ascolta il brano e svolgi il test interattivo.

IL MEZZO MAIALINO

A febbraio capitò l'avventura del mezzo maialino. C'era fame, in giro, caffè e zucchero non si trovavano quasi più. La carne era scarsa e poco buona, e così Vittoria decise di mettersi in caccia per le campagne, e mi prese con sé. Quel po' di cibo che c'era spesso veniva imboscato, per far lievitare il prezzo a livelli proibitivi per la gente normale. Ma lei sapeva dove cercare, e alla fine scovò un mezzo maialino, se lo fece dare con mille contrattazioni e se lo caricò in macchina tutta felice.

La sua macchina si chiamava Gelsomina ed era piuttosto ammaccata, però funzionava ancora. Non era stata requisita perché papà era medico. La guidava Antonio, l'autista, uomo notoriamente poco coraggioso e sempre pieno di mille paure. Così, quando improvvisamente sulla strada, un po' più avanti, comparve una pattuglia tedesca che fermava tutte le automobili, Antonio cominciò a gemere, ben consapevole che venire sorpresi con roba di contrabbando, addirittura con mezzo maiale, poteva voler dire prigione e campo di lavoro in Germania.

«Ho moglie e figli, signora Vittoria» cominciò a piagnucolare (in realtà figli non ne aveva, ma al momento la frase gli venne bene). Lei lo fulminò dal sedile posteriore: «Continui a guidare con calma e lentamente» sibilò fra i denti «e stia zitto, ci sono qua io. Si fermi quando glielo chiedono, e guardi fisso davanti a sé. Se apre bocca, la uccido». Nessuno dubitava delle minacce della mamma, e in quel momento io l'ammirai molto. Mi pareva degna di uno degli eroi di quei giornalini a fumetti che il cugino Simone, quello grande con gli occhiali, mi aveva fatto vedere, spiegandomi le nuvolette (io non sapevo ancora leggere).

Antonio ubbidì, con le mani aggrappate al volante, poi si fermò di colpo davanti ai tedeschi. «Attento, Antonio,» gridò la mamma dal sedile posteriore «non vorrà che scodelli il bambino qui.» Si era cacciata il mezzo maialino sotto il cappotto, che si era macchiato abbondantemente di sangue, e subito dopo si sporse dal finestrino e disse imperiosamente al giovane ufficiale della Wehrmacht che si era affacciato all'interno della macchina: «Mi faccia proseguire, per favore. Non vede che sono sul punto di partorire? Sto andando all'ospedale, non vorrà mica assistermi lei!».

Il giovane tedesco la guardò allibito, e un velo passò nei suoi occhi, forse un ricordo lontano di madri e di spose, di cose della vita reale. Si passò una mano sul viso e disse, stancamente: «Proseguire, prego, signora. Vadi ospedale». E il mezzo maialino così duramente conquistato arrivò indenne nella nostra cucina. La sera seguente, l'indomita Gìgia lo rosolò, con l'aiuto di tutti, e ce lo mangiammo in gruppo fino all'ultima costicina. Per l'occasione vennero a festeggiare i contadini della cascina vicina, quelli che avevano il famoso vialetto di uva moscata. Ma quell'uva aveva un prezzo. Tutti i bambini, per il proprietario signor Alfredo, dovevano raccogliere le lumache, che poi venivano messe a purgarsi nella grande botte nell'angolo del cortile, alla quale era severamente proibito avvicinarsi. A me però una volta capitò, presa in braccio proprio da lui, che mi sollevò sopra la botte aperta, dove centinaia di lumache strisciavano disperatamente le une sulle altre, cercando di arrampicarsi sui bordi. Quello fu per me un incubo orrendo, che durò molto a lungo; ma non ebbi mai il coraggio di parlarne, perché la mamma ne parlava con golosità e le mangiava spesso e volentieri.

(Antonia Arslan, *Le luci del '45*, RCS Corriere della sera)

A1. Alla riga 5, l'aggettivo *proibitivi* riferito a *livelli* significa:

❑ proibiti, vietati
❑ troppo elevati
❑ da vietare
❑ sconosciuti

A2. La frase *perché papà era medico* (riga 9) indica, rispetto alla principale:

❑ un fine
❑ una conseguenza
❑ una causa
❑ una condizione

A3. Alle righe 16-17 le parole tra parentesi *in realtà di figli non ne aveva, ma al momento la frase gli venne bene* costituiscono:

❑ una spiegazione dei fatti
❑ un chiarimento da parte dell'autrice
❑ una conferma di quanto detto prima
❑ un dubbio dell'autrice

A4. La frase *Lei lo fulminò dal sedile posteriore* (righe 17-18) contiene:

❑ una sinestesia
❑ una analogia
❑ una metafora
❑ una metonimia

A5. Nella frase *Se apre bocca la uccido* (riga 20) il pronome *la* a chi si riferisce?

....

A6. Senza modificare il significato complessivo, la frase *Se apre bocca* può essere sostituita con:

- ❑ nonostante apra bocca
- ❑ nel caso in cui apra bocca
- ❑ affinché apra bocca
- ❑ perché apre bocca

A7. Nel linguaggio specifico dei fumetti, le *nuvolette* (riga 23) hanno la funzione di:

- ❑ sottolineare gesti e movimenti
- ❑ indicare luoghi e tempi dell'azione
- ❑ riportare parole e pensieri dei personaggi
- ❑ riportare unicamente ciò che i personaggi dicono

A8. Il periodo *Il giovane tedesco la guardò allibito, e un velo passò nei suoi occhi, forse un ricordo lontano di madri e di spose, di cose della vita reale* (righe 33-34) contiene una metafora. Riportala nella riga seguente.

....

A9. I termini *imboscato* (riga 4) e *scodellare* (riga 27) derivano rispettivamente da

.... **e da** ....

A10. Indica se ciascuna delle presenti affermazioni è vera o falsa. Metti una crocetta per ogni riga.

		VERO	FALSO
a.	Vittoria è la madre della narratrice	❑	❑
b.	Gli avvenimenti si svolgono durante la II Guerra Mondiale	❑	❑
c.	L'ufficiale tedesco parla un italiano corretto	❑	❑
d.	I bambini dovevano raccogliere l'uva per il signor Alfredo	❑	❑
e.	Il cugino Simone leggeva fiabe alla narratrice	❑	❑

A11. Alla riga 36, quale tra i possibili significati assume l'aggettivo *indenne* riferito al mezzo maialino?

- ❑ Senza ferite
- ❑ Puro, incontaminato
- ❑ Senza organismi patogeni
- ❑ Salvo e intatto

A12. La funzione di questo testo è:

❑ espositiva
❑ descrittiva
❑ narrativa
❑ argomentativa

A13. Sulla base del testo, riordina le sequenze del racconto scrivendo un numero progressivo accanto alla sintesi di ciascuna.

....	Vittoria si caccia il mezzo maialino sotto il cappotto e finge di essere in procinto di partorire
....	Vengono a festeggiare anche i vicini, per i quali i bambini erano incaricati di raccogliere le lumache
....	Vittoria decide di cercare della carne e riesce a trovare mezzo maialino
....	L'ufficiale tedesco lascia passare l'auto e la sera seguente la famiglia mangia il mezzo maialino
....	Mentre Vittoria e la figlia con il mezzo maialino sono sull'auto, vengono fermate da una pattuglia tedesca
....	La narratrice ricorda come un incubo la volta in cui aveva visto l'interno della botte dove si trovavano centinaia di lumache
....	L'autista Antonio è molto spaventato all'idea di essere scoperto con il mezzo maialino, ma Vittoria gli intima di tacere e fermarsi

A14. Quale altro titolo, tra i seguenti, ritieni che rispecchi meglio il contenuto del brano?

❑ Una madre coraggiosa
❑ L'incubo delle lumache
❑ Un autista pauroso
❑ Il vialetto di uva moscata

A15. Indica quali tra le frasi seguenti esprimono un fatto e quali una opinione. Metti una crocetta per ogni frase.

		FATTO	OPINIONE
a.	Quel po' di cibo che c'era spesso veniva imboscato	❑	❑
b.	Antonio ubbidì, con le mani aggrappate al volante	❑	❑
c.	Mi pareva degna di uno degli eroi	❑	❑
d.	disse imperiosamente al giovane ufficiale	❑	❑
e.	forse un ricordo lontano di madri e di spose	❑	❑

A16. L'autrice racconta un episodio della sua infanzia. Come si chiamano racconti e romanzi in cui una persona parla della sua vita?

....

A17. Attraverso l'episodio del mezzo maialino, l'autrice vuole sottolineare che in certe situazioni:

- ❑ è utile mostrarsi deboli e accondiscendenti
- ❑ si deve essere disponibili a un compromesso
- ❑ è necessario essere decisi e non mostrare paura
- ❑ bisogna accettare l'assistenza anche di chi ci ostacola

A18. Mettendo a confronto il titolo scelto per questo brano e il suo contenuto, quale affermazione ritieni corretta?

- ❑ Il titolo non ha niente a che vedere con il testo, nel quale si parla di un fatto accaduto durante la guerra
- ❑ Il titolo evidenzia l'episodio successo, ma non fornisce elementi per capire il contesto in cui è avvenuto
- ❑ Il titolo sottolinea che si tratta di un'avventura capitata in tempo di guerra
- ❑ Il titolo non dà importanza all'episodio in sé, ma al contesto di guerra in cui è successo

A19. L'autrice riferisce avvenimenti e sensazioni della propria infanzia:

- ❑ in modo drammatico, come si conviene ad avvenimenti accaduti in un periodo tragico
- ❑ in modo freddo e oggettivo, come se narrasse fatti accaduti a qualcun altro
- ❑ con ironia e leggerezza, nonostante la drammaticità del periodo storico
- ❑ come un ricordo molto lontano, di avvenimenti di cui non rammenta i particolari

SECONDO TESTO

Ascolta il brano e svolgi il test interattivo.

UN MONDO IN MOVIMENTO

Le migrazioni sono antiche quanto l'umanità, se è vero che tutti abbiamo origini africane. Dalla ricerca archeologica ai poemi omerici, alle testimonianze bibliche, sappiamo che scambi commerciali, colonizzazioni pacifiche e invasioni cruente hanno costruito la storia delle civiltà umane. La sedentarietà faticosamente conquistata nel Neolitico, con l'invenzione dell'agricoltura e la nascita delle prime forme urbane, non è mai stata assoluta. Il movimento di popolazioni, nelle sue varie forme e con diversi esiti, ha sempre accompagnato la formazione di società stabili.

Oggi, nuovamente, le migrazioni si presentano come uno dei fattori più visibili e controversi del cambiamento delle nostre società. Negli spazi urbani, nel mercato del lavoro, nelle aule scolastiche, nei circuiti delle attività illegali, avvengono sostituzioni e mescolanze di vecchi e nuovi protagonisti. E i nuovi arrivati sono quasi sempre più poveri di quanti si erano già insediati in precedenza, oltre che diversi per lingua, aspetto fisico, usanze, credenze e pratiche religiose. La percezione diffusa è quella di uno sconvolgimento dell'ordine sociale. Per alcuni, è l'alba di un mondo nuovo, all'insegna del meticciato e della fratellanza universale; per i più, è l'inizio di un'invasione perniciosa [molto nociva], forse catastrofica.

Nel complesso i migranti rappresentano all'incirca il 3% della popolazione mondiale: in cifre, intorno ai 191 milioni su circa 7 miliardi di esseri umani, mentre per l'Europa dei 27, la stima si aggira intorno ai 25 milioni di migranti su 490 milioni di abitanti, dunque all'incirca il 5%. Si tratta di una porzione relativamente ridotta dell'umanità, ma aspetti come la concentrazione in determinate aree di destinazione, la rapidità della formazione di nuovi flussi, le modalità drammatiche di una parte degli arrivi accrescono il senso di smarrimento e di minaccia.

Negli ultimi decenni gli spostamenti attraverso le frontiere si sono accentuati e diversificati. Nuovi paesi sono entrati nella cartografia dei luoghi di partenza e di arrivo, altri si sono contraddistinti come spazi di transito. Diversi paesi di confine con le aree più sviluppate, come il Messico, la Russia, il Nord Africa, sono diventati ormai, nello stesso tempo, luoghi di partenza, di arrivo e di passaggio (magari dopo anni di attesa) di flussi migratori. Altri, come l'Italia e più in generale l'Europa meridionale, hanno cambiato *status* nella geografia mondiale della mobilità umana, passando dal rango di luoghi di origine dei flussi a quello di contesti di destinazione. Presi alla sprovvista, avendo cercato per un certo periodo di non vedere quanto stava avvenendo, hanno faticato e ancora stentano ad assumere una consapevolezza adeguata del fenomeno. Nel caso italiano, più che in Spagna, Grecia o Portogallo, si è assistito alla formazione di un circuito di mutuo rafforzamento tra inquietudini popolari diffuse nei confronti dell'immigrazione e politicizzazione della questione, elevata al rango di tema primario nelle campagne elettorali.

L'innalzamento delle barriere non ferma del tutto gli ingressi, semmai provoca la ricerca di porte alternative. Nello sforzo di sigillare i confini, nel nostro paese è stato reso illegale, nel corso del 2009, non solo l'ingresso non autorizzato ma anche la permanenza di chi riesce in vario modo a superare la frontiera, spesso con documenti regolari (il visto turistico), e prolunga la sua permanenza sul territorio. I minacciosi immigrati si trasformano così negli ancora più temuti irregolari, o peggio, clandestini, condannati a vivere per anni nella penombra dell'incertezza e della precarietà, malgrado si assumano, nella maggioranza dei casi, mansioni che contribuiscono al benessere delle società riceventi.

(Tratto e adattato da Maurizio Ambrosini, *Richiesti e respinti*, Il Saggiatore)

B1. *Le migrazioni sono antiche quanto l'umanità, se è vero che tutti abbiamo origini africane* (righe 1-2). La seconda di queste due frasi indica:

- ❑ la causa dell'antichità delle migrazioni
- ❑ l'effetto dell'antichità delle migrazioni
- ❑ la condizione perché le migrazioni siano così antiche
- ❑ il percorso delle migrazioni fin dall'antichità

B2. All'inizio del capoverso successivo (righe 9-10) si afferma che *le migrazioni si presentano come uno dei fattori più visibili e controversi del cambiamento delle nostre società*.

In sintesi, quali sono le due interpretazioni del fenomeno che si confrontano?

prima: ....

....

seconda: ....

....

B3. Nel testo trovi una parola latina scritta in carattere corsivo. Riportala qui:

....

Senza cambiare il significato della frase, questa parola potrebbe essere sostituita da:

❑ ubicazione ❑ alleanze ❑ sede ❑ ruolo

B4. Rileggi il capoverso che inizia con *Negli ultimi decenni* (righe 27-41). L'autore descrive soprattutto:

- ❑ le conseguenze che il fenomeno migratorio ha su tutto il pianeta
- ❑ le scelte fatte da molti paesi per limitare il fenomeno migratorio
- ❑ il ruolo assunto da alcuni paesi e i problemi che ne sono derivati
- ❑ i problemi alle frontiere per respingere il flusso migratorio

B5. All'inizio dell'ultimo periodo, l'autore definisce gli immigrati *minacciosi* (riga 47). A tuo parere l'autore usa questo aggettivo perché vuole sottolineare:

- ❑ che un immigrato è sempre un pericolo per la nostra società
- ❑ che le nostre leggi sull'immigrazione lo renderanno un possibile pericolo
- ❑ che gli immigrati causeranno meno benessere alla nostra società
- ❑ che gli immigrati sono sempre clandestini e irregolari

B6. Indica quali tra le seguenti frasi espongono fatti e quali riportano opinioni di alcuni.

		FATTO	OPINIONE
a.	La sedentarietà faticosamente conquistata nel Neolitico... non è mai stata assoluta	❑	❑
b.	le migrazioni si presentano come uno dei fattori più visibili e controversi del cambiamento delle nostre società	❑	❑
c.	è l'inizio di un'invasione perniciosa, forse catastrofica	❑	❑
d.	è l'alba di un mondo nuovo, all'insegna del meticciato e della fratellanza universale	❑	❑
e.	Negli ultimi decenni gli spostamenti attraverso le frontiere si sono accentuati e diversificati	❑	❑

B7. Il testo è suddiviso in 5 capoversi. Ad ognuno è stato attribuito un titolo. Metti i titoli nello stesso ordine che hanno i capoversi nel testo, numerandoli da 1 a 5.

a.	Le migrazioni oggi	....
b.	I paesi delle nuove migrazioni	....
c.	Storia delle migrazioni	....
d.	La politica italiana verso i migranti	....
e.	Dati sulle migrazioni attuali e loro percezione	....

B8. Con quale intenzione l'autore ha scritto questo testo, intitolandolo *Un mondo in movimento*?

- ❑ per sottolineare che il fenomeno dei migranti è sempre esistitito e che può portare effetti positivi per un paese

- ❑ per convincere il lettore che i migranti sono un pericolo, soprattutto per i paesi dell'Europa meridionale
- ❑ per raccontare le difficoltà dei migranti per poter attraversare le frontiere e per trovare accoglienza e lavoro
- ❑ per descrivere le conseguenze negative delle migrazioni fin dall'antichità

B9. A tuo parere l'autore ottiene lo scopo che si era prefissato, scrivendo questo testo?

- ❑ Sì
- ❑ No

Motiva la tua risposta:

- ❑ perché non si è limitato ad affermazioni, ma ha portato anche dati
- ❑ perché non soltanto ha fornito dati, ma ha anche riflettuto su di essi
- ❑ perché non ha presentato informazioni sufficienti per la complessità del problema
- ❑ perché ha presentato il problema soltanto dal suo punto di vista

B10. Quali di queste funzioni sono presenti nel testo che hai letto?

- ❑ narrativa e informativa
- ❑ informativa e argomentativa
- ❑ solo narrativa
- ❑ solo argomentativa

B11. Come si pone l'autore, nelle sue scelte espressive, rispetto a chi legge?

- ❑ Si limita a esporre i fatti, usando un tono distaccato
- ❑ Punta a coinvolgere attraverso uno stile colloquiale
- ❑ Mira a far riflettere su informazioni che presenta in modo documentato
- ❑ Cerca di emozionare attraverso ciò che racconta

TERZO TESTO

Svolgi il test interattivo.

Osserva con attenzione le immagini poi rispondi alle domande.

GiroMilano

Il navigatore ATM per Milano e provincia

Da Piazza del Duomo
milano

a Stadio Meazza
milano

Il 15/01/2013 **Alle** 12:09

Mezzo di trasporto
⦿ Tutti i mezzi pubblici ○ Escludi metrò

Tipo di percorso
⦿ Il più veloce ○ Pochi trasbordi
○ Pochi tratti a piedi

Calcola

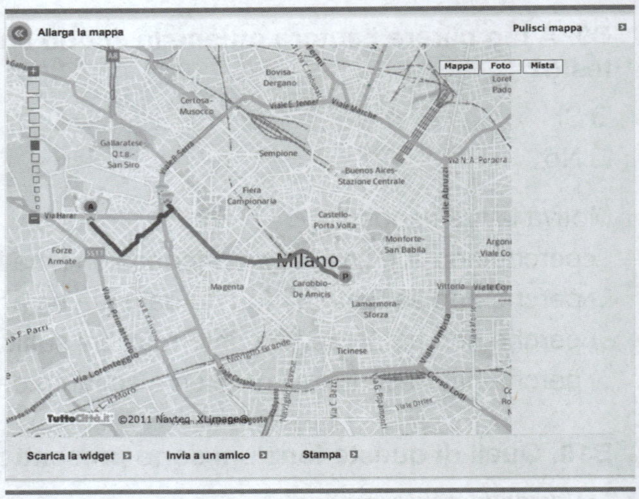

PERCORSO sulla rete ATM e Nord Est Trasporti.

	Azione	Linea/Fermata	Attesa	News	Frequenza
P	parti da	Piazza del Duomo			
	percorri	200 metri			
	vai alla fermata	DUOMO M1			
	prendi la linea	M1 (SESTO F.S - RHO FIERA) per 8 fermate			M1 ogni 7 min.
	scendi alla fermata	LOTTO Fieramilanocity			
	percorri	250 metri			
	vai alla fermata	Lotto (Fieramilanocity) M1			
	prendi la linea	49 (Lotto - Tirana) per 9 fermate	Linea:49 **ricalcolo**	49	49 ogni 5 min.
	scendi alla fermata	P.za Axum (Stadio Meazza)			
	percorri	200 metri			
A	fino a destinazione	Stadio Meazza			

tempo previsto 45 minuti
metri percorsi 7800 metri

(dal sito www.atm-mi.it)

C1. Per quale motivo nella colonna di sinistra vengono richieste data e ora di quando si vuole viaggiare?

❑ Perché da giorno e ora dipende la frequenza dei mezzi
❑ Perché l'azienda dei trasporti ha bisogno di avere dati statistici
❑ Perché per conoscere la frequenza dei mezzi bisogna conoscere o il giorno o l'ora
❑ È un'informazione che non ha alcuna relazione con la richiesta di percorso

C2. Quali tipi di percorso è possibile scegliere?

1 .... 2 .... 3 ....

C3. Quanti metri a piedi vengono percorsi complessivamente?

- ❑ 200
- ❑ 650
- ❑ 800
- ❑ 7800

C4. È maggiore la frequenza della metropolitana o dell'autobus 49?

- ❑ Dell'autobus 49
- ❑ Della metropolitana
- ❑ Sono uguali
- ❑ Non è possibile saperlo

C5. Quanto tempo ci vuole per andare da Piazza del Duomo allo Stadio Meazza?

....

C6. Perché nella mappa il percorso complessivo è composto da due segmenti graficamente differenti?

....

C7. Che cosa significano le lettere P e A racchiuse in un cerchietto?

....

C8. Indica con una crocetta se le affermazioni seguenti sono vere o false.

		VERO	FALSO
a.	La mappa non può essere ingrandita	❑	❑
b.	È possibile escludere dal percorso il metrò	❑	❑
c.	È prevista la possibilità di un percorso panoramico	❑	❑
d.	Questa pagina web è utilizzabile solo per i percorsi in Milano-città	❑	❑
e.	In metrò si fanno meno fermate che sull'autobus 49	❑	❑

Svolgi il test interattivo.

GRAMMATICA

D1. Leggi il periodo che segue: "Quando avrò mangiato mi sentirò meglio".

Il verbo della frase principale (*mi sentirò*) esprime, rispetto al verbo della frase subordinata (*avrò mangiato*), un'azione che accade:

❑ A. contemporaneamente
❑ B. prima
❑ C. dopo
❑ D. continuamente

D2. Indica la frase in cui c'è un verbo intransitivo:

❑ A. Esco tutte le mattine alle otto
❑ B. Compra spesso frutta e verdura
❑ C. Manderemo delle rose alla zia
❑ D. Avete scritto una cartolina alla nonna?

D3. Scrivi qual è il soggetto della frase che segue.

In fondo alla grotta c'era poca luce

Risposta ....

D4. Leggi il seguente periodo:

Quando piove Luca rimane volentieri a casa a riposare e a leggere i libri che il nonno gli ha regalato.

Identifica le frasi coordinate e subordinate che formano il periodo e riscrivile nello schema, una per ogni casella, tenendo conto delle loro relazioni. La frase principale è già scritta.

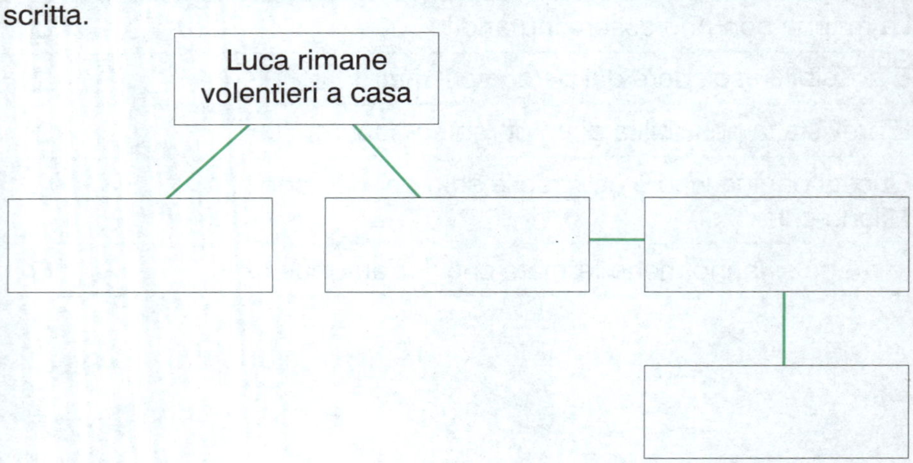

D5. La frase "Il fumo nuoce gravemente alla salute" esprime:

❑ A. un obbligo
❑ B. un divieto
❑ C. un'affermazione
❑ D. una esortazione

D6. Leggi la voce che segue, tratta da un dizionario.

Degustare (de-gu-stà-re) v.tr. ♦ Assaggiare, assaporare, spec. per convincersi delle qualità di un prodotto. [Dal lat.: *degustare*, der. di *gustus* "assaggio, gusto, sapore", col pref. *de*-].

Adesso indica se ciascuna delle seguenti affermazioni è vera o falsa. Metti una crocetta per ogni riga.

	DEGUSTARE	V	F
a.	è un verbo transitivo	❑	❑
b.	è costituito da 3 sillabe	❑	❑
c.	deriva dal greco	❑	❑
d.	ha lo stesso significato di *mangiare*: i due verbi sono sinonimi	❑	❑
e.	il verbo ha un suffisso	❑	❑

D7. Per ognuno dei nomi inseriti nella tabella indica se si tratta di una parola base, di una parola alterata accrescitiva, di una parola alterata diminutiva o di una parola derivata.
Metti una crocetta per ogni riga.

	NOME	PAROLA BASE	PAROLA ALTERATA DIMINUTIVA	PAROLA ALTERATA ACCRESCITIVA	PAROLA DERIVATA
a.	Campo	❑	❑	❑	❑
b.	Rosellina	❑	❑	❑	❑
c.	Roseto	❑	❑	❑	❑
d.	Zuccheriera	❑	❑	❑	❑
e.	Merito	❑	❑	❑	❑
f.	Librone	❑	❑	❑	❑
g.	Uovo	❑	❑	❑	❑
h.	Alberello	❑	❑	❑	❑

D8. Nella frase "Laura è la migliore atleta della squadra" c'è un aggettivo di grado:

❑ A. positivo
❑ B. superlativo relativo
❑ C. superlativo assoluto
❑ D. comparativo di maggioranza

D9. Leggi questo testo:

Se tu ti fossi fermato ieri da me, avresti incontrato i nonni che erano venuti, nonostante piovesse, perché volevano vedere la mia nuova casa.

Riporta nella tabella tutte le forme verbali; poi indica per ognuna il modo e il tempo.

	FORMA VERBALE	MODO	TEMPO
1			
2			
3			
4			
5			
6			

D10. Indica quale funzione introducono in questa frase i due punti (:).

La maestra disse: "Aprite il libro a pagina dieci".

❑ A. una spiegazione

❑ B. un elenco

❑ C. un discorso diretto

❑ D. un inciso

D11. Per ogni espressione nella prima colonna, scegli la spiegazione corretta fra le due proposte. Metti una crocetta per ogni riga.

		SPIEGAZIONE 1	SPIEGAZIONE 2
a.	un'orologio	❑ L'apostrofo è scorretto perché non c'è niente da elidere, cioè da cancellare	❑ L'apostrofo è corretto perché c'è elisione, cioè cancellazione, della *-o* di *uno*
b.	un'amica	❑ L'apostrofo è scorretto perché non c'è niente da elidere, cioè da cancellare	❑ L'apostrofo è corretto perché c'è elisione, cioè cancellazione, della -a di *una*
c.	qualc'uno	❑ L'apostrofo è scorretto perché si tratta di un'unica parola	❑ L'apostrofo è corretto perché c'è elisione, cioè cancellazione, di *-he* di *qualche*
d.	un uomo	❑ La mancanza dell'apostrofo è corretta perché non c'è niente da elidere, cioè da cancellare	❑ La mancanza dell'apostrofo è scorretta perché c'è elisione, cioè cancellazione, della *-o* di *uno*